原典訳 アヴェスター

伊藤義教 訳

筑摩書房

【目次】 原典訳 アヴェスター

原典訳　アヴェスター

全編を通じて略記号を一、二挙げておきたい。(1)ヤスナ書の場合、殊にそのなかのガーサーと称される篇では、単に章・節（頌）を示すにとどめた。例えば四四・五とは、ヤスナ第四十四章第五節（頌）（ガーサー）を意味するごとくである。(2) Vīd. = Vīdēvdāt（ウィーデーウダート）、HN. = Hāδōxt Nask（ハーゾークト・ナスク）。最後にあげたテキストは M. Haug & E. W. West : The Book of Ardā Vīrāf and Hādōkht-Nask, Bombay & London 1872 および J. Hertel : Beiträge zur Metrik des Awestas und des Ṛgvedas, Leipzig 1927 によったが、その他は K. F. Geldner : Avesta, The Sacred Books of the Parsis, Part I Yasna（Stuttgart 1886）, Pt. II Vispered and Khorda Avesta（1889）, Pt. III Vendîdâd（1896）によった。翻訳書としては、諸種の雑誌論文に注目したいが、単行本として出ているもの（ただし、ここに収録したテキストのみについて）二、三をあげれば、K. Barr : Avesta, Kφbenhavn 1954 ; Chr. Bartholomae: Die Gatha's des Awesta, Strassburg. 1905 ; J. Duchesne-Guillemin : Zoroastre. Étude critique avec une traduction commentée des Gathas, Paris 1948（英訳は The Hymns of Zarathushtra, London 1952）; W. Hinz ; Zarathustra, Stuttgart 1961 ; H. Humbach : Die Gâthâs des Zarathustra I–II, Heidelberg 1959 ; Maria W. Smith: Studies in the Syntax of the Gathas of Zarathushtra together with Text, Translation, and Notes, Philadelphia 1929 などは、いずれもガーサーの翻訳またはそれを含んでいるものであるが、このうち K. Barr 教授のものは、そのほかのテキストの翻訳をも有している。ガーサー以外のアヴェスター諸部の訳としては F. Wolff : Avesta, die heiligen Bücher der Parsen, Strassbgur 1910 が依然として最も包括的である。ハーゾークト・ナスク第二章の訳は前掲した同書のテキストにそれぞれ付されている。

ガーサー

一（ヤスナ第二十八章）

1 スプンタ・マンユのこの御《おん》助け(1)を、マズダーよ、〔御身たち〕すべての方がた(2)に
わたくしは、うやうやしく手をのばし(3)、天則に従い、行動をもって、まず第一に懇願い
たします、〔すなわち〕
ウォフ・マナフの意思と牛の魂(4)とを、わたくしが満足させうるところの〔行動〕をもっ
てです。
2 マズダー・アフラよ、善思をもって御身たちをつつみ(5)まいらせようとする
わたくしに、天則に従って授けてください、有象《ゆうしょう》の〔世界〕と心霊の〔世界〕となる両
世界の
恩典を——その〔恩典〕によって〔御身さまが〕助力者たちを楽土におき給うことので
きんためです。

3 アールマティが王国を不壊《ふえ》に栄えさせてゆくのも
ウォフ・マナフと始めなき[6]マズダー・アフラとのおんためですが、
この御身たち[7]を天則に従い讃頌しようとするわたくしのもとへ、呼び声に応じて、御身
たちは助けに来てください。
4 ウォフ・マナフと一体になって魂を覚醒させようと心に銘記し
またマズダー・アフラの〔くだし給う〕、行為の報応を知悉《ちしつ》しているものとして、
わたくしは力ありまた能《よ》くなしうるかぎり、どこまでも、アシャを求めることに教化を
おいていきましょう。
5 アシャよ、御身を、献身者としてわたくしは、果して見奉るでしょうか――〔また〕ウ
ォフ・マナフを、
そして王座[8]を、最も強きアフラ＝マズダーの高諾[9]を〔も見奉るでしょうか〕。
〔あらゆるもののうちにて〕最大なる〔その高諾〕へと、この祈呪によって、舌をもっ
て、われらは仇なすやからを改宗させたいのです[10]。
6 ウォフ・マナフとともに御身は来てください、〔そして〕天則に従って授けてください、
永劫の授けものを――
まことに崇高なみことばをもって、マズダーよ、力強い御助力を、ザラスシュトラ〔な

るわたくし〕にです。

7 〔信徒の唱和〕「そしてわれらにも、アフラよ、われらが敵人どもを克服するために。(11)」
御身は授けてください、アシャよ、かの報応＝ウォフ・マナフの恩典を。

御身はまことに授けてください、アールマティよ、強健さをウィーシュタースパに、そしてわたくしにも。

御身はまことに授けてください、マズダーよ、そして自在に操ってください、御身たちの預言者(12)〔ザラスシュトラなるわたくし〕が〔よってもって人々の〕聞信を博するようになるところのものを。

8 最勝なるものを、御身最勝者・最勝なるよき天則と同心にまします〔御身〕アフラに、わたくしは懇願いたします——わたくしは望んできたものです、壮士フラシャオシュトラのために、そしてわたくしのために、
かつまた、御身がかりそめにも恵み施されようとする人々のために、いつの日までもウォフ・マナフの〔ものたるその最勝なるもの〕をです。

9 これらの懇願をもって、われらが怒らしめたくないのは、アフラ・マズダーよ、御身たち・〔御身と〕天則と最勝なるウォフ・マナフと恩賚の王国とですが、
そのわれらは讃嘆を御身たちにささげるために着座しているもの——御身たちは最も迅

速なる賦活者にましますのです。[13]

10 では、人々にして、正信[14]のゆえに正しいものと御身がみとめ給い、また善思のゆえに
ふさわしいものと、マズダー・アフラよ、〔御身がみとめ給う〕なら、そのものどもの
所願を、果させて充たしてやってください。
そうすれば、御身たちへの聖歌[15]——御身たちにとって得るところ多く、ふさわしい、称
讃の〔聖歌〕を、わたくしは知っているのです。[16]

11 それら〔称讃の聖歌〕とともに、正信と善思をも永遠にとどめおき給う[17]
御身は、マズダー・アフラよ、〔わたくしが人々に〕説ききかすために、わたくしに教
えてください、御身の
〔スプンタ・〕マンユを通して、御身の口をもって——第一の世界がいかなるものにな
りゆくであろうかを。

二 (ヤスナ第二十九章)[18]

1 御身ども[19]に牛の魂は〔こう〕訴えた「だれのためにわたしを御身どもは創造したのです
か、だれがわたしを造成したのですか。
わたしをアエーシュマと暴虐[20]、残虐、それに虐待と暴行がしめつけています。

〔しかも〕わたしには、御身どもよりほかに、牧養者がありません。ですから、わたしにとって、牧養がよきものとみえますように[21]。」

2 そこで牛の造成者[22]はアシャに〔こう〕たずねた「御身[23]は〔いったい〕牛のための裁き人をおもちですか――

その〔牛の〕支配者たる御身たち[24]が、牧地とともに、牛飼いの熱意をもつくり出されるためにです。

不義者どもとともに、アエーシュマをも追い払うべき主《あるじ》としてだれを、御身たちは彼（牛）のために望んでいるのですか。」

3 彼（牛）にアシャを通して、「牛には抜苦的援助者なし」と〔御身さまは〕返答し給うた。

「身分の高いものたちが低いものたちに、どのように対処すべきか、彼らにはわかっていないからであるが、

生あるものどものうちで最強なるものといえば、われ（アフラ）がその呼び声に応じ助けをさしのべて[25]赴くところのものである。」

4 〔ザラスシュトラ曰く〕「マズダーは企て[26]を最もよく銘記し給うもの[27]。まことに〔諸天と諸人によって〕なされたことを御心にとどめてくださるよう、

そしてまた諸天と諸人によってなされるであろうことをも御心に記してくださるよう。
その判決者におわすアフラ――そのかたが望み給うとおりに、〔われらに〕してくださるよう。」

5 〔牛魂曰く〕「マズダーを裁きに〔加わりくださるよう〕促しまいらせるために、わが魂と乳牛の〔魂〕となる
われらふたり[28]は、まことに手をのばし[29]、アフラ〔の大前〕に〔こうして〕参進しているところです。

不義者どもにとりまかれては、正しい生活者にも生きゆく道がなく、牧畜者にも〔それが〕ありません。」

6 そこで、霊感のなかに秘義[30]を知ってましますアフラ・マズダーは〔こう〕仰せられた
「まことに天則によってのことであるが、全く教え人もなければ裁き人もない。

というのは、なんじ〔牛〕を牧畜者と牧養者とのために造成者は創造したからである。」

7 〔ザラスシュトラ曰く〕「『牛に水飼場《みずかいば》を、そして飢渇せるものたちにも[31]』――教えを下して聖マズダー＝
アフラは、アシャと心を合わせて、この酪《バター》の箴言をつくり出し給うたぞ。」

〔牛魂曰く〕「ウォフ・マナフと相たずさえて、〔われら〕ふたりを人間のために大切にしてくれる何者を、御身（ザラスシュトラ）はおもちですか。」

8 〔ウォフ・マナフ曰く〕「このものは、ただひとり、われらの教えに傾聴したものとして、

ここでわたしによってみとめられたるもの

ザラスシュトラ・スピターマです。彼は、マズダーよ、われらと天則とに頌歌を献詠しようと望んでいるのです。どうか、彼に、詞葉の華《はな》を頒与し給わんことを。」

9 すると、牛の魂は嘆い〔て言っ〕た「無力なる飼育者に満足しなければならぬとは、

非力なる人の声に〔満足しなければならぬとは〕――強権をもって支配するものを望んでいるこのわたしなのに。

手をかして彼に助けをさしのべるものは、いつのときにあらわれるのでしょう。」

10 〔ザラスシュトラ曰く〕「この〔信〕者たちに、アフラよ、御身たちはお授けください、

力をば天則を通して、またかの

王国をばウォフ・マナフを通して――〔御身さまが〕それによって〔牛に〕楽園と平安とをつくり出し給わんがためです。

このわたくしは、マズダーよ、御身を、これ（王国）の始元《はじめ》の建設者とみとめ奉っているのです。

11 どこにおわすのですか、天則とウォフ・マナフと王国とは。……………[32]
御身たちは、マズダーよ、〔それらを〕知るために、偉大なるマガに参徹させてください。」
〔牛魂曰く〕「アフラよ、いざ、われらのもとへ降臨を[33]〔してください〕――御身たちさまへの、われらが供物にめでて。」

三（ヤスナ第三十章[34]）

1 では、わたしは説こう、願い求めているものたちよ、すくなくとも穎悟者にとって銘記さるべきことを――
それはアフラにたいする称讃と、善思の祈りと、
さらには〔それを〕よく銘記しているものにより天則に従って観見され、かつ光明とともなるところの歓喜とである。

2 耳をもって御身たちは聞けよ最勝のことを、明らかな心をもって御身たちは見よ〔最勝のことを〕
〔それは〕ひとりひとりが自分自身のためにする、選取決定に関する二種信条のことで、
〔それというのも〕重大な走行に先だち、それに〈われらを〉目ざめしめんためです。

3 では、睡眠を通して双生児としてあらわれた、[35]かの始元《はじめ》の二霊についてであるが、両者は、心意《こころ》と言語《ことば》と行為において、より正善なるものと邪悪なるものとであった。そして、両者のあいだに、正見者たちは正《ただ》しく区別をつけたが、邪見者どもはそうではなかった。

4 して、これら両霊が相会したとき、彼らが定めたのは、第一〔の世界〕には生と生存不能とであるが、しかし終末にある境涯は不義者どもには最悪なるも義者には最勝なるウォフ・マナフがあるということであった。[36]

5 これら両霊のうち、不義なる方は極悪事の実行を選取したが、最も堅固なる蓋天を着ていて[37]最勝なるスプンタ・マンユの方は天則を〔選取し〕、真実なる行為をもってアフラ＝マズダーをすすんで満足させようとするものどももまた〔そうであった〕。

6 これら両者のあいだに、ダエーワらもまた正《ただ》しく区別をつけなかった、それは、まよわしが彼らの談合しているところへ取りついたからで、そのため彼らは最悪のアカ・マナフを選取しやがてアエーシュマのもとに馳せ集《つど》いおったが、そやつ（アエーシュマ）は〔邪義なる〕人々がよってもって世を毒するところのものなのである。

7 しかし、彼（正見者）には〔御身さまが〕王国とウォフ・マナフならびにアシャととも
に来到し給うた。
そしてアールマティは形体《からだ》に調息[38]とともに持久力をもさずけたが、
それは彼が、〔熔〕鉱による選別[39]を経て、〔世を毒する〕人々のなかから、先頭切って御
身（アフラ・マズダー）のものとなるためです。
8 そして、彼ら（世を毒するやから）のもろもろの罪業に懲罰が到来する
そのとき、マズダーよ、〔御身さまは〕御身の有《もの》たる王国を、ウォフ・マナフを通して、
建設されるでしょう――
天則の両手に不義をひき渡すものたちに〔その王国があらわに〕見えるために。
9 そしてわれらは、この世を勝ち抜かせるもの[40]となりたいのです、
マズダーよ、そしてアフラたち[41]よ、そしてアシャよ、わたくし（ザラスシュトラ）の方
に来到するよう〔世の人々を〕駆ることによって[42]です。
願わくは、常恒なる天眼の存する〔わたくしの〕ところに〔人々の〕心が集まりますよ
うに。
10 何となれば、そうすれば、これによって「不義」の領域に破滅が来るからであり、
またウォフ・マナフとマズダーと天則との楽園にむけて

11 いとも速い〔馬〕が〔車に〕つけられ、よき名声に先着するからです。
願わくは、マズダーの定め給うた定めを御身どもの把持せんことを、人々よ。
〔定めとは〕安楽と艱難のこと――すなわち、不義者どもには長い苦しみがあるが、
義者たちには恩賚がある、ということだ。さらば、こ〔の定め〕をもって、いつの日に
か〔神判がアフラの〕御意のままにありますように。

四（ヤスナ第三十一章）

1 御身たちのこの定め[43]を銘記しながら、われらはことばを宣べよう、それは聞かれたこと
のないもの――〔そうです〕
「不義」の定めに従って天則の庶類を破壊するものどもには〔聞かれたことのないもの〕、
だが、すくなくとも、マズダーに帰依しているものたちには最勝のものなのです。
2 もしこ〔の定め〕によっても、待望されるよりよきものに到達するのに道がないとあっ
ては
これら二つの果報の裁き人[44]だと、アフラ＝マズダーが認め給うているものとして
われ（ザラスシュトラ）が、御身どもみなのもとにやって来よう――その〔マズダー〕
を通してわれらが天則に従って生活してゆくために。

3 両軍にどのような神判を御身は、〔スプンタ・〕マンユを通し、また火をもってくだし給い、かつ天則に従って約束し給うのか、
いかなる神命が責負うものどもに下されるのですか――それを、マズダーよ、知るを得んために、われらに語ってください、
御身の口の御舌をもって。けだし、わたくしが、それをもって、生きとし生けるものどもをことごとく改信させせんためです。

4 呼び求めらるべき天則と、マズダーと、アフラたちとがおわしまし
アシとアールマティとが〔おわします〕ときは、最勝のウォフ・マナフを通して、わたくしは願い求めましょう、
わたくしに強力な王国を――それを強大にして、われらは不義を征服したいのです。

5 御身たちが、天則に従って、わたくしのためによりよきものとして定め給うたものを、
〔わたくしがわたくしのものとして〕決定するために、わたくしに御身は語ってください――
起こることなからんことや、起こることあらんことを、マズダー・アフラよ、
その〔御身の〕ウルシ〔なるわたくし〕がウォフ・マナフを通して知りかつ銘記せんためです。

6 人あってわたしに、穎悟者として真実の〔祈呪〕を表白せんに、最勝なるものが彼にあらんことを――〔すなわち〕
「かの方〔マズダー〕のために〔われらの〕善思によって成長してゆく王国こそマズダーのもの」という、
完璧と不死に関する、アシャの〔真実の〕祈呪を、です。
7 かの楽土を光明で遍満《みた》そうと始元《はじめ》に考え給い、
その御意思をもってアシャを創成し、その〔アシャ〕によって最勝のウォフ・マナフを護持してます御方《おんかた》として、
アフラよ、御身は今もなお〔御身と〕同等なるかの〔スプンタ・〕マンユとともに、マズダーよ、成長し給わんことを。
8 さて、御身を、マズダーよ、わたくしが、始元《はじめ》にして[45]終末《おわり》にましますと、〔わが〕心をもってみとめ奉り、
ウォフ・マナフの父〔にましますとみとめ奉った〕のは、わたくしが〔この〕眼に御身を捉えたてまつった
――アシャの真の創成者、世のもろもろの行為にたいする〔裁きの〕主〔にましますもの〕として――ときのことです。

9 牧養者につくか、それとも牧養者でないものに〔つく〕か、
〔自由選取の〕道を御身が彼女（乳牛）に敷き給うたとき、アールマティは御身に属し、
牛の造成者も、〔スプンタ・〕マンユの意思も御身に属していました、マズダー・アフラよ。

10 そのとき彼女は、両者のうちで、牧畜する牧養者の方をおのが身に選取したのです、
義者たる主《あるじ》として、かつまたウォフ・マナフの養世者[46]として。
マズダーよ、非牧養者は、もがいても[47]、芳名にあずかることはないのです。

11 有象の寿命を御身が創成し給うために、かつまた、もろもろの行為ともろもろの言説とを〔御身が創成し給う〕ために、
マズダーよ、御身が始元《はじめ》にわれらの無象の生命とダエーナーとを造成し給い、
また御身の御心をもって意思をも〔造成し給うた〕ので、人は思いのままに信条を育成して

12 もって、虚言者も正語者も、穎悟者も非穎悟者も
おのおの一心専念に言挙《ことあ》げをしています。

〔そこで〕随順アールマティは、常恒なるものはどこにあるかについて、〔スプンタ・〕マンユと談合をするのです[48]。

13 裁きをもって、いかなるあらわなる〔罪〕が、あるいは、マズダーよ、いかなるひそか
なる〔罪〕が罰せられるべきか、
あるいは微罪のだれにせよ、〔あるいは〕最大の償いに服す[49]べき〔だれ〕にせよ、
それをまなこのお光をもって見守りつつ、御身はアシャを通してことごとく照覧し給う
のです。
14 これらのことを御身にわたくしはお尋ねします、アフラよ、いったいいかなることが生
起し、また到来するでしょうか、
いかなる債権が記入[50]から義者に設定されるでしょうか、
またいかなる〔債権〕が、マズダーよ、不義者どもに〔設定されるでしょう〕か。それ
ら〔の債権〕は、決算の行なわれるときは、どのようになるでしょうか。
15 わたくしはこのことをお尋ねします、不義者のためにその王国を富強にしてやるものに
は、いかなる応報があるのですか――
不義に抗する牧養者の家畜と家人《けにん》とに暴行することなくしては生計のたたない悪行〔の
不義〕者のために、です、アフラよ。
16 わたくしはこのことをお尋ねします、どのようにして〔出現するでしょう〕か、喜捨し
てもって〔あるいは〕家の王国を

あるいは郷《ごう》の〔王国〕を、あるいは邦の〔王国〕を、天則を通して栄えさせようとつと
めるものは。
御身さまよ、マズダー・アフラよ、かれはいつ、いかなるわざをもって出現するでしょ
うか。

17 二つ(51)のうち、いずれをより大なるものとして義者は〔選取し〕、あるいは不義者は選取
するでしょうか。
穎悟者は穎悟者に語るべきで、非穎悟者をして人迷わせをさせてはなりませぬ。
われらのために、マズダー・アフラよ、善思を教える教師《おしえおや》となってください。

18 して、御身ども(52)のうちだれでも、不義者の邪呪や教えをきいてはならない――
何となれば、それは家も村も郷も邦をも陥《おとしい》れるところは
苦難と破滅にあるからです。されば武器をもって彼らを御身どもは防ぐべきです。――

19 聞いてよいのは、世をいやし給う穎悟者として、アシャを意思をもって創成し給うた御《おん》
方《かた》たる〔御身のそれで〕、アフラよ、御身は、
御身の紅い火によって、マズダーよ、両軍のうち、善き方〔の軍〕に頒与し給うに際し
て
〔裁きの〕語を正しく宣告するために舌を思いのままに操り給う御方です。

20 義者にくみするものには、のちに栄耀がその有となるでしょう。
暗黒の長い存続、悪〔心を催おす〕食、痛嘆の叫び——

こういう境涯に、不義者らよ、なんじらみずからの行為のゆえに、〔なんじらの〕ダエーナーはなんじらをつれてゆくのである。
21 完璧と不死と天則と王国を
完全に主宰し給うことによって、マズダー＝アフラは授け給え、
心意《こころ》と行為において彼（アフラ）の盟友たるものに、ウォフ・マナフとの交わりの永続を。
22 これらのことは、正見にして献身するものには、あらわに見えるのです。彼は、〔善〕思・
善語と〔善〕行をもって、王国とともにアシャをも助けるもの——
彼は、マズダー・アフラよ、御身にとって最もよろこばれる客人となりましょう。

五（ヤスナ第三十二章）

1 彼アフラ＝マズダーの至福を自由民が懇願すれば
彼の〔それ〕をアリヤびととともに労役民も〔懇願し〕、〔さらには〕彼の〔それを〕ダ

エーワら〔さえ〕も、わたくしにまねて〔懇願したのです〕
「われらは、御身たちに敵対するものどもを抑えるべき、御身の使徒になりたい[53]」〔と
て〕。
2 彼らにマズダー・アフラは、ウォフ・マナフと結び
太陽のごとき天則とよき友となって、王国から〔こう〕答え給うた
「そなたたちの聖なる随心、〔この〕美しいものをわれらは選取するもの。それをわれら
のものにしたい[54]。」と。
3 〔ザラスシュトラ曰く〕ところで、なんじらダエーワらはみなアカ・マナフの所生であ
り、
なんじらを大いに崇めるものも〔そうであり〕、不義と慢心との
もろもろの行為にして、なんじらがよってもって地の第七〔洲[55]〕に詳細にきこえている
ものもまた〔そうである〕。
4 それというのも、なんじらは極悪のことを命じるからで、人々がそれを行なえば
ダエーワには鍾愛されて栄えるもウォフ・マナフからは離叛し、
マズダー・アフラの御意思と天則には悖ることとなるからである。
5 なんじら〔ダエーワども〕は人間から安穏と不死[56]とをだまし取るが、

それというのもアカ・マンユが、なんじらダエーワどもに――悪思と
悪語をもって――、不義者に権勢をもたらすごとき〔悪〕行を教え込んだからである。

6 彼[57]〔不義者〕[58]は不穏のおびただしい罪業をもって名聞を求めているが、それをもって彼
がそのとおりにな〔れ〕るかどうかを
御身は、功罪の銘記者よ、最勝のウォフ・マナフを通して知悉してましますのです、ア
フラよ。
御身の、マズダーよ、御身たちの、そしてアシャの王国において、宣告をくだし給わん
ことを。

7 このようなもろもろの罪業には、穎悟者はだれでも、〔至福を求めて〕精進する以上、
関与を口にすべきでない、
〔けだし〕それらは非行者によって唱えられ、彼みずからがそのために灼熱の鉱をもっ
て宣告されるところのものであり、
アフラよ、御身がそれらのうちの未済の分[59]を最もよく知悉しておわすところのもの〔だ
から〕です、マズダーよ。

8 このようなもろもろの罪業には、ウィーワフワントの子イマ[60]さえも関与せりとして宣告
されたもの――

す。
人・牛といったわれらのものどもを満足させようとしてバガをくわせた彼〔さえも〕で(61)
これら〔の罪業〕にこそ、マズダーよ、わたくしは御身の〔くだし給う〕裁決に陪席するものです。

9 「邪師は聖歌を破壊する——彼は邪説をもって生の意思を〔破壊する〕。
彼こそは資産を阻むもの——ウォフ・マナフの〔くだす〕吉祥なる〔授かり〕分を〔阻むもの〕。」
わたくしの心中のこのことばを、マズダーよ、アシャと御身たちに、わたくしは訴える次第です。

10 聖歌を破壊するものとは、このものこそがそれです、すなわち、牛と太陽を、目をもって見るに
最悪なりと称するもので(62)、それはまた正しいものどもを不義者となすものであり、
また牧地を荒らすものであり、さらには義者に武器をふるうものです。

11 まことに生を破壊するものとは、こういうやからもまたそれです、すなわち、〔みずから〕不義者としてあらゆる手段で企図し
家長妃や家長をして相続分の享受に与《あずか》りえぬようにし、

12 最勝のウォフ・マナフから、義者たちを、マズダーよ、悖らしめるものども。
彼らが人々を最勝の行為から悖らしめるようすがとする卑歌[63]のゆえに、
彼ら、歓声をあげて牛の生を毀つものどもに、マズダーは悪しき〔呪いのことば〕を言い給うが

13 そういうやからとともに、カラパン僧は、天則よりも財物を選取し、富有者の権勢と不義とを〔選取したのです〕。
〔この〕権勢によって最悪のアカ・マナフの家におけるこの財物にとりつくのは、
この〔第一の〕世界の破壊者どもであり、また御身の預言者の使命を、
マズダーよ、〔御身に〕願うて訴えるやから[64]もそうで、彼（預言者）は彼らを阻んで天則を見させぬでありましょう。

14 彼[65]の財物にとりつくことにカウィ王侯らもその意思と威勢とを
おくのは日常のこと——それは、彼らが不義者を助けようと祭儀に加わるときとか、
ドゥーラオシャを助けようと〔心を〕燃やす者により、屠牛のために叫び声が挙げられるときのことです。

15 このためカラパン僧らもカウィ王侯らも滅んでしまったが、
それも、彼らが生を思いのままに営み得ぬようにさせようと思うものたち〔の手〕によ

ってです。
〔それどころか〕このものたちは、ウォフ・マナフの家におけるかの双者[66]のもとに連《つ》れ
てゆかれるでしょう。
16 まさにこの事実《こと》こそ、敬虔者の幸い[67]のためにいやしくも〔彼を〕防いでやる人[68]にとって、
最勝のものであるのです。
御身は、マズダー・アフラよ、脅威がわたくしを脅している者を、よく制し給う。
願わくは、〔御身のおかげによって、わが〕信徒たちへの不義者の罪業に、わたくしが
阻止〔者〕とならんことを。

六（ヤスナ第三十三章）

1 裁き人は最も正しい行動をもって、第一の世界のもろもろの律法
なるものをもってすると同じように、行動するでしょう——不義者にたいして、はたま
た義者にたいして、
さらには邪なるものと正しいものとが混在しているもの[69]にたいして。
2 そこで、人あって不義者にたいし悪しきことを、あるいは言語《ことば》をもって、あるいは心意《こころ》
をもって、

あるいは手をもって、行なうことをせんに、あるいは客人を善に教え導かんに、
彼らはアフラ＝マズダーの御意に叶うて所望を成就しまいらせるもの。
3 人あって義者にたいし最勝なるもの（友）なら、あるいは自由民に属しようと、あるいは労役者であろうと、
あるいはアリヤびとに属しようと、アフラよ、あるいは人あって熱誠をもって牛に献身するなら、
彼はそのとき天則とウォフ・マナフとの牧地(70)にあることとなるでしょう。
4 マズダーよ、御身からは〔御身にたいする〕不服従と悪思を祈り攘《はら》おうとするわたくし
（ザラスシュトラ）、
また自由民からは慢心を、そして労役民からはその身近にある不義を、
またアリヤびとからは〔宣告の〕嘲笑者(71)どもを、そして牛の牧地からは極悪なる助言者(72)を〔祈り攘おうとする〕わたくし、
5 長い生命(73)・ウォフ・マナフの王国に到り、
マズダー・アフラの住んでましまし、天則に到る直道に〔到って〕
〔馬を〕解くとき(74)、あらゆるもののうちで最大なる、御身の高諾(75)を呼び求めようとするわたくし、

6 天則によって至直なザオタルたるわたくし――かかるものとしてわたくしは最勝のウォフ・マナフから望むのです、
〔然り〕この〔最勝のウォフ・マナフ〕から〔わたくしは望むのです〕――〔われらが〕実行するためにと、よってもって牧養を〔御身さまが〕創成し給うた、その御心に則って。

〔すなわち〕アフラ・マズダーよ、御身のかの双者[76]に見《まみ》えかつ談合したい[77]とわたくしは熱望しているのです。

7 わたくしの方に来てください、〔御身たち〕最勝者よ、こなたへ、直き直きに、マズダーよ、そして敢然と、
天則とともに、ウォフ・マナフとともに〔こなたへ〕。それは、わたくし〔の教え〕がマガ者たちを超えて、〔さらに多くの人々に〕聞いてもらうためです。

供進される、目にあらわな供物が、われらのあいだに、すがたをみせよ[78]。

8 御身たちはみとめてください、善思をもってわたくしがなそうとしている、これらのわが務めを――
〔すなわち〕マズダーよ、御身たちさまよ、〔わたくしの〕神事や、あるいは天則に従っての讃嘆のことばをです。

授けてください、アムルタートよ、そしてハルワタートよ、御身たちの〔くださる〕分けまえとして持久力〔と耐久力〕を。

9 では、マズダーよ、御身の御心を〔御身さまは〕最勝の善思をもってつつんでください――

天則によって栄えるかの双者が、わたくしとともにある常恒の楽土とむすびついてくれるために[79]。

10 この双者は同心にして、その佑助[80]は〔すでにわれらに〕保証されているのです。[81]まことに、それがかつて存したものでも、現に存するものでも、そして、マズダーよ、将来存するものでも、

幸い〔という幸い〕はすべて御身の有《もの》として、それらを御身の御意に叶うごとくお享けください。

〔そして〕ウォフ・マナフを通し、王国を通し、かつまた天則を通して、御身を成長させてください、御意のままに。

11 最強におわすアフラ・マズダー、それにアールマティ、また、庶類を栄えさす天則、それにウォフ・マナフと王国と――

御身たちはわたくしに耳を傾けてください、わたくしに情けをかけてください、いかな

る人への開示においても。

12 わたくしにゆるしてください、アフラよ、アールマティを通して耐久力を授けてください、
最勝のスプンタ・マンユを通して、マズダーよ、よき開示をもって力を、
天則を通して強力な強靭さを、ウォフ・マナフを通して愉悦[82]を〔授けてください〕。

13 広く見通し給う〔アフラ〕よ、助けるために御身はわたくしに見せてください、御身たちの比類なき〔天上の〕物を――
〔すなわち〕ウォフ・マナフの報応たる、王国のそれを、アフラよ。
聖アールマティよ、天則に則り、もろもろのダエーナーに教えてください。

14 そうすれば、ザラスシュトラ〔なるわたくしめ〕は、供物として、自身の寿命《いのち》さえも
マズダーにささげます、また善思の精華と
〔善〕行のそれと、〔善〕語のそれのみか、慴服と権勢をも、天則に則って〔ささげます〕。

七（ヤスナ第三十四章）

1 〔われらの〕行ないとことばと神事とによっては、御身は不死と

天則と完璧の王国という、マズダーよ、御身の有《もの》をばお授けくださるでしょう――、
そのような〔行ないとことばと神事〕が、御身に、アフラよ、われらできるだけ多くの
ものによって、ささげられますように。
2 して、それらはみな、御身の御心と正善なるスプンタ・マンユのそれとを通して、
人の行為にたいして授けられるのですが、〔かかる人とは〕マズダーよ、礼讃に際し、
讃嘆の歌をもって
御身たちさまをつつむときに[83]、その人の魂が天則と一致しているもののことです。
3 そこで、御身に、アフラよ、そして天則に、ミヤズダ[84]をわれらは、うやうやしくささげ
ましょう。
すべての庶類がウォフ・マナフを通して王国において成熟する[85]ために。
けだし、正見の人には、マズダーよ、御身たちさまのあいだで、すべての方がたによっ
て、恩賚が保証されているからです。
4 そこで、御身の、アフラよ、天則によって力づよい火に、われらは願うものです――
最も迅速にして強力な〔その火〕が、協同者には目にあらわな助力者となるように、
がしかし、マズダーよ、仇人には〔御身の〕御手の指示によって罪業をあらわに示すも
のと〔なるように〕と。

5 いかなる力、いかなる資産が御身たちにはおありですか――〔いかなるわたくしの〕行為に対せられましても、マズダーよ、あるいはわたくしが眠っておりましょうとも、
天則に従い善思をもって御身たちの貧しきもの[86]をお救いくださるためにです。

仇なすもの[87]は諸天と諸人いずれたりともそのすべてに超《すぐ》れておわすものとして、御身たちを、われらは宣べ伝えるものです。

6 実際、御身たちはそのとおりに〔超れて〕おわしますからには、天則と倶、ウォフ・マナフと倶なるマズダーよ、
では、これをわたくしに印しとして御身たちは授けてください、〔すなわち〕この世界における常恒なるすべてのものをです。

それは、わたくしが崇めかつ讃嘆しながら、いっそう歓喜しつつ御身たちに近づきまいらせんためです。

7 善思の献身者として遺教[88]相続分を栄えさせるとともに
苦難をも幸いにする――そういう誠実者たちは、マズダーよ、どこにいるのですか。
御身たちよりほかにかかるもののないことを、わたくしは天則によって知っています。
されば われらを、御身たちは庇護してください。

8 それというのも、彼らがそのもろもろの行為をもって〈われらを〉打ちのめしているか

らで、その彼らにとり巻かれている多くのもののために、〔御身さまは彼らに〕
追放[89]を〈加えてください〉――
それも、より強い方《かた》としてより弱いものに加え給うべきそれを、マズダーよ、御身の定めによる禍害とともに〔加えてください〕。

9 アシャを思念せぬものども――そういうやからからは、善思ははなれ去ってゆくのです。
マズダーよ、御身の穎悟者にとって吉祥なる聖アールマティを、
善思を知らぬために悪行によってすて去るものども――
そういうやからからは、それ（アールマティ）は、天則に従って、〔あたかも〕兇暴な
害獣がわれらから〔逃げてゆく〕ところまでも、はるかに逃げてゆくのです。

10 〔これに反し〕善を意思するものはこの善思の行為を把持することを宣言し、
頒与者[90]にしてアシャの伴侶なりと知って聖アールマティを〔把持することを宣言し〕、
さらには、アフラよ、御身の、マズダーよ、王国にあって〔われらを〕嘱望させる[91]すべてのものを〔把持することを宣言するのです〕。

11 そして、御身の双者・完璧と不死とが〔天上の〕食物となり、
ウォフ・マナフの王国によって、アールマティが天則と相たずさえて成長させるのは
持久力と耐久力。これらによって、マズダーよ、御身は敵意を戦慄させ給うのです。

12
御身のための調律[92]はいかなるものですか。御身は何を望み給うのですか。讃嘆のいかな
るものを、それとも、神事のいかなるものを。
〔人々の〕聞くように、マズダーよ、御身は告げてください——調律中のいかなるもの
にめでて〔御身さまは〕報応を頒与し給うかを。
13
天則に則ってわれらに御身は教えてください、ウォフ・マナフの易往の道を、
アフラよ、御身がウォフ・マナフの〔路〕だとわたくしに仰せられた、その道をです。
正見の人々に約束されたるもので、マズダーよ、御身がその頒与者[93]にましますところの、
かの報償に
サオシュヤントたちのダエーナーが辿りつくのも、天則を通して正しく敷設されたこの
〔路〕によってです。
14
まことに、マズダーよ、この願わしい〔報償〕は、まことに乳牛の労役者たちの
有象の寿命[94]に御身たちが、〔彼らの〕善思に発した行為にめでて、授け給うのですが
〔この報償はすなわち〕天則に従いもろもろの労役民を栄えさせ給う御意思に出ずる、
御身たちの慈眼[95]です、アフラよ。
15
ウォフ・マナフを通し、また天則に従って、〔御身への〕讃嘆が要求するかの
最勝の聖歌[96]と行為とを、マズダーよ、ではわたくしに語ってください。

御身たちの王国を通して、アフラよ、御所望のなかに首位を占める世を、御身は実現し
てください。

八（ヤスナ第四十三章）

1 だれによって所望されたことでも、そのものに所望どおりに、
御望みのままに支配し給うマズダー＝アフラはお頒ちくださるように。
持久力とともに耐久力をも得たいと、わたくしは望んでいます——
天則を護持するためにです。これをわたくしに授けてください、アールマティよ、
報応としての財宝[97]を、善思の現世の生活を。

2 そして、おのが身に、すべてのもののうちの最勝なるもの
〔すなわち〕楽土にある安楽[98]をば、人は獲得したいものである——
御身の、分別し給う最勝のスプンタ・マンユを通して、マズダーよ。
〔けだし〕いつの日までもつづく長き生命の歓喜とともに、
ウォフ・マナフの至福をも、御身はこれ（スプンタ・マンユ）によって[99]、天則に従って
授け給うのです〔から〕。

3 して、この有象の世界と心霊の〔世界〕のために

恩賚の至直な道をわれらに教えてこそ
その人は、よきものよりよきものに到達してほしいもの——
〔道とは〕マズダーよ、誠実なる御身さま、知恵勝れてまします〔御身さま〕、聖なる
アフラの住んでまします真実なる境土にいたるもの。
4 して、マズダーよ、御身をわたくしが、強くして聖なる方《かた》とみとめ奉るのは、
天則によって力ある、御身の火の灼熱によって
不義者と義者とに御身が報応として頒ち給うところの
ものを御身がたずさえておわしますその御手によって、
わたくしにウォフ・マナフの力[100]が到来し来たらんときのことです。
5 また〔同じく〕聖なる方として御身を、マズダーよ、わたくしがみとめ奉ったのは、ア
フラよ、
わたくしが、世を生み出し給う際の御身をはじめに見奉ったときで、
そのとき、御身は創造の終末の一周に際し御身の善巧によって
悪には悪い〔報応〕を、善には善い報応をと、
行為とことばとをして報償をうけるように定め給うたのでした。
6 御身マズダーが御身のスプンタ・マンユとともに、王国とともに

来たり給うかの〔終末の〕一周――そのときウォフ・マナフと相たずさえて
――その（ウォフ・マナフの）わざによって庶類が天則に従って栄えるのですが――
御身の、だれも迷わせ奉ることなき御意思の
裁きのことばを彼ら（庶類）にアールマティは宣告するでしょう。

7 また〔同じく〕聖なる方として御身を、マズダーよ、わたくしがみとめ奉ったのは、アフラよ、
わたくしを〔御身さまが〕ウォフ・マナフとともにとりまき
そしてわたくしに〔こう〕問い給うたときのことです「なんじはだれか。なんじはだれのものか。
なんじの庶類や身《み》内《うち》のもののなかに、[101]
どのようにして、審問のために、日を印しをもってわたしは示そうか。[102]」

8 そこで、その〔御身さま〕に、わたくしは〔こう〕申しました「まずもって〔なにはともあれ〕」、わたくしはザラスシュトラです。
わたくしにして力あるかぎり、不義者には真の敵であるが、義者には力強い助力となりたいのです――
御身を、マズダーよ、わたくしが讃美しかつ讃頌し奉ることによって、

如意の王国のもろもろの豊けさをわたくしが得んために。
9 また〔同じく〕聖なる方として御身を、マズダーよ、わたくしがみとめ奉ったのは、ア
フラよ、
わたくしを〔御身さまが〕ウォフ・マナフとともにとりまかれたときのことです。
「だれに奉仕することを、なんじは望むのか」との、その〔御身さまの〕問いに〔こう
答えたものです〕。
「それはです、御身の火に頂礼をお供えすることをです。
わたくしにして力あるかぎり、わたくしは、わたくしを天則の所属《もの》と思いましょう。
10 ですから、御身はわたくしに示してください、わたくしがかくもあこがれ求めている天
則を。」
〔ウォフ・マナフ曰く〕「アールマティを従えてわたしはやって来た。
それで、われらに問えよ、なんじがわれらに問うべきことを。
まことに、なんじによる問いが、力あるものたちのそれのようにあらんために、
願わくは、支配し給う方《かた》が、なんじを勢力あり、力あるものとなし給わんことを。」
11 また〔同じく〕聖なる方として御身を、マズダーよ、わたくしがみとめ奉ったのは、ア
フラよ、

わたくしを〔御身さまが〕ウォフ・マナフとともにとりまかれたときですが、
それは、御身たちのことばをもって、最初にわたくしが教えられたときのことです。
御身たちが最勝のものとわたくしに仰せられたことを実践せんがための
熱意は、〔不義なる〕人々のあいだにあって、わたくしには苦難なものに見えるのです。

12 また、わたくしに御身が「天則を知るために来たれ」と仰せられたときにも、
御身はわたくしに〔このように〕のたもうて〔しかもわたくしの〕聴従するところとなったのですが、
〔それは〕両軍に、利益《りやく》しようとして、報応を頒与するところの
財宝授与者アシを従えて、スラオシャ[103]が
わたくしのもとにやってくる前に、〔わたくしが〕起ちあがらんがためでした。

13 また〔同じく〕聖なる方として御身を、マズダーよ、わたくしがみとめ奉ったのは、アフラよ、
わたくしを〔御身さまが〕ウォフ・マナフとともにとりまかれたときのことですが、
それは、御身の王国にあると説かれている望ましの境涯の
長くつづかんこと——〔といっても〕これに応じてくださるように、御身たちを、だれも強い奉るわけにはゆきませんが——

への願い——これを御身たちはわたくしにおゆるしください——のため〔にわたくし〕
の〔なすべき〕務めを〔わたくしが〕知るに至らんためでした。
14 人にして献身しその力があるなら友に与えまほしいもの〔——かかるもの〕を
わたくしに、マズダーよ、〔授けてください〕。〔けだし〕御身の御助力を知るためです
が、〔御助力とはすなわち〕
御身の聖語を銘記しているすべてのものどもと相たずさえて
宣告の侮蔑者どもを追い払うべく立ちあがるために、
御身の王国を通し、天則に従って獲得されるところのものなのです。
15 また〔同じく〕聖なる方として御身を、マズダーよ、わたくしがみとめ奉ったのは、ア
フラよ
わたくしを〔御身さまが〕ウォフ・マナフとともにとりまかれたときで、
最勝者黙思[104]が〔わたくしに、こう〕言えと教えたのでした
「人は数多い不義者どもを満足さすものとなってはならぬ。
彼らはただ、邪義者どもをみな、義者だというのである」と。
16 されば、アフラよ、なにはともあれ、御身のものとして最勝なるスプンタ・
マンユを、このザラスシュトラ〔め〕は選取するものです、マズダーよ。

天則が象《かたち》をそなえ、寿命をもって力あるものとなりますように[105]。
太陽のごとくみえる王国[106]にアールマティのおわしまして、
ウォフ・マナフと相たずさえ、行為に応じて報応をお授けくださるように。

九（ヤスナ第四十四章）

1 このことを御身にわたくしはお尋ねします、正《ただ》しくわたくしに語《はな》してください、アフラよ。
頂礼のあるべきように契える〔わたくしのこの〕頂礼にめでて、御身たちさまよ、
マズダーよ、御身さまは、友なるわたくしめに、告げていただきたい。
そしてわれらに、天則に従って与えてくださるように、友情ある佑助[107]を
――われらにそれがウォフ・マナフを通してとどくようにして――。
2 このことを御身にわたくしはお尋ねします、正しくわたくしに語してください、アフラよ。
まずもって〔なにはともあれ〕、どのようになっているのですか、最勝界の
憧憬されるべき物[108]は――それを願い求めているもの[109]を利益《りやく》するためにです――。
なんとなれば、すべてのものどもの未済の分を天則に従って、この聖なる〔御身さま〕

は
世をいやす盟友として、〔スプンタ・〕マンユを通して、見そなわし給うからです、マズダーよ。

3 このことを御身にわたくしはお尋ねします、正しくわたくしに語してください、アフラよ。
だれが生みのおや、天則のはじめの父ですか。

だれが太陽と星辰に路を定めたのですか。

だれによって月は満ちていったり、欠けていったりするのですか。

ほかならぬこれらのことや、マズダーよ、またそのほかのことをも、わたくしは知ろうと望んでいるのです。

4 このことを御身にわたくしはお尋ねします、正しくわたくしに語してください、アフラよ。
だれが大地を下に支え、また天空を
落ちぬように〔支えているのです〕か。だれが水と草木を。
だれが風と雲に双馬をつないだのですか。
だれが、マズダーよ、善思を創造した者ですか。

5 このことを御身にわたくしはお尋ねします、正しくわたくしに語してください、アフラよ。
どんな工匠《たくみ》が光と闇《やみ》を創造したのですか。
どんな工匠が眠りと目覚めを創造したのですか。
だれによって暁と日中と夜があって
責負うものに務めを思いおこさせるのですか。

6 このことを御身にわたくしはお尋ねします、正しくわたくしに語してください、アフラよ、
わたくしの説ききかせようとすることが、そのとおりに真実なのかどうかを。
アールマティは、そのわざをもって、アシャを守る[110]でしょうか、
御身に王国[111]を善思をもって建立するでしょうか。
だれのために招福の乳牛を御身は造成されたのですか。

7 このことを御身にわたくしはお尋ねします、正しくわたくしに語してください、アフラよ。
だれが吉祥なるアールマティを王国といっしょに創造したのですか。
だれが子を、その心情において父に敬意を抱《いだ》くようにしたのですか。

わたくしはこのようにして知ろうとつとめているのです、御身をば、マズダーよ、
スプンタ・マンユを通して万象の創造者にまします方《かた》として。
8 このことを御身にわたくしはお尋ねします、正しくわたくしに語してください、アフラよ。

マズダーよ、御身の指示を銘記するために、
そしてわたくしがウォフ・マナフと談合してえたことばを〔銘記するために〕、
はたまた、わたくしの魂がいかなる「善来」[112]に辿りつくか、
世〔のこと〕について天則に従い誤りなく知るために。
9 このことを御身にわたくしはお尋ねします、正しくわたくしに語してください、アフラよ。

どのようにして〔浄めるべきでしょう〕か、わたくしの浄めるべきダエーナーを
――喜捨する人の〔ダエーナー〕をです。王国の御主《おんあるじ》として教えてほしいのです、
高い大御力《おおみちから》を通して、御身さまは、指令者として、マズダーよ。
王城に、天則およびウォフ・マナフとともに止住してまします方《かた》よ。
10 このことを御身にわたくしはお尋ねします、正しくわたくしに語してください、アフラよ。

生あるものどもにとって最勝のものなるダエーナー
――それが天則と一致してわたくしの庶類を、随心の
ことばと行為とによって、栄えさせてほしいのですが、そ〔のダエーナー〕を人々は正《ただ》しくみるでしょうか、
わたくしの天眼にうつる、〔御身の〕資産を、彼らが御身に願いながらです、マズダーよ。

11 このことを御身にわたくしはお尋ねします、正しくわたくしに語してください、アフラよ。
マズダーよ、人々にして、そのダエーナーが御身のもとに赴く(113)
ひとたちに、アールマティは、どのようにして、遍満してゆくのでしょうか。
わたくしは、そういう人たちといっしょに、御身の御《おん》前にまかり出ます。
そのほかのものはことごとく、わたくしは、心のにくしみをもって、見るものです。

12 このことを御身にわたくしはお尋ねします、正しくわたくしに語してください、アフラよ。
だれがですか、義者の方《ほう》かそれとも不義者の方か――わたくしが談合しているもののうちで――

いったい、両者のうち、どちらが邪義者なのですか。それとも、邪義者とは前者[114]か、そ
れとも
不義者として、[115]御身の恩賚に逆《さか》らうものの方《ほう》ですか。
どちらでしょうか。前者でなく、後者が邪義者とみなされるのでしょうか。

13 [116]このことを御身にわたくしはお尋ねします、正しくわたくしに語してください、アフラ
よ。
いかにして不義をわれらのもとから、彼らのもとへ
われらは追いおとしましょうか――彼らとは不服従にみち
天則との合致にも努めず
ウォフ・マナフとの談合をも喜ばぬもの。

14 このことを御身にわたくしはお尋ねします、正しくわたくしに語してください、アフラ
よ。
いかにして天則の手に不義をわたくしはひき渡しましょうか、
御身の宣告のみことばに従って、それを〔天則が〕打ちすえんために
――不義者どものなかに強力な破壊を加え、
彼らを、マズダーよ、窮境[117]と禍害におとしいれるべく――。

15 このことを御身にわたくしはお尋ねします、正しくわたくしに語してください、アフラよ。
もし天則と相たずさえて御身がそれ[118]をよく庇護し給うならば
敵対する両軍が来たり会するとき
御身が、マズダーよ、固持されているかの定めに従って
両者のうち、いずこに、いずれに、勝利を授け給うのですか。

16 このことを御身にわたくしはお尋ねします、正しくわたくしに語してください、アフラよ。
〔世に〕あるものどもを、御身の宣告に従って守るために、だれが勝利者となるのですか。

あらわなる〔印し〕を御身はわたくしに与えてください。世のいやし手として御身は、
　裁き人を約束してください。

そして、彼のもとに高諾[119]が、ウォフ・マナフを通して、赴かんことを——

マズダーよ、それがだれであろうと、御身の望み給う彼のもとに。

17 このことを御身にわたくしはお尋ねします、正しくわたくしに語してください、アフラよ。

御身たちの同行《どうぎょう》となること、ならびに、わたくしの声が有力とならんこと——
いかにして、マズダーよ、この目的を、御身たち〔のおかげ〕によって、わたくしは達
しましょうか、
天則に依拠するもの[120]たる、かの〔約束の〕みことばに従って
教胞[121]に完璧・不死を求めんがために[122]。

18 このことを御身にわたくしはお尋ねします、正しくわたくしに語してください、アフラ
よ。
牡馬を交《まじ》えた十頭の牡馬と駱駝一頭——
いかにして、天則に従ってこの報償にわたくしは値いするでしょうか。
けだし、それ（報償）はわたくしに、マズダーよ、御身がその身に獲得してましますご
とくに、双者たる
完璧・不死を確保してくれるから[123]です。

19 このことを御身にわたくしはお尋ねします、正しくわたくしに語してください、アフラ
よ。
この報償に値いするものに施与しない者
——成約のことばに従ってこそ、それを彼に施与すべきであるのに——、

かかる人には、このことにたいし、いかなる罰が第一〔の世〕にあるでしょうか
――彼にある終末のそれ（罰）は〔わたくしは〕知っているのです――。
20 マズダーよ、「いったい、ダエーワどもが善き支配者だったことがあるだろうか」――
牛をカラパン僧とウシグ僧とが、アエーシュマにささげるに、それ（叫声）をもってし、
また、カウィ王侯が調息[124]のために口ばしるところのもの（叫声）、
そういうもの（叫声）への愛好を〔わが教えから〕さえぎり守るやからに[125]、こうわたくしは問うものです。
彼らは、天則に従って牧地を栄えさせるために、それ（牛）を養護することをしないのです。

一〇（ヤスナ第四十五章）

1 では、わたしは説ききかせよう。さあ、耳を傾けよ、さあ、聞けよ。
御身ども近くから、はたまた遠くから〔来て〕願い求めているものたちよ。

さあ、かの方《かた》（アフラ）を、みなのものたちよ、心にとどめよ。明らかにみえてましますぞ。

第二の世を邪師に破壊させてはならぬ。

彼はその舌による、邪悪な信条選取のゆえに、不義者と論告されたるもの。
2 では、わたしは説ききかせよう。世の始元《はじめ》の二霊を。
それらのうち、より聖なる方《ほう》は邪悪な方に、こう語った
「〔一致しないといえば〕われら両者の思想がそうでなく、言説がそうでなく、意思がそうでなく、
信条選取もそうでなければ、ことばもそうでなく、行為もそうでなければ
ダエーナーもそうでなく、魂も一致してはいないのだ」と。
3 では、わたしは説ききかせよう、この世の始元《はじめ》を――
それはわたしに、穎悟者マズダー＝アフラの語《はな》されたもの。
御身どものうち、このみことばをわたしが思いかつ語るが
ごとくに、それを実践しないものたち――
そのものどもにとって、世の終末は「ああ」[126]となるであろう。
4 では、わたしは説ききかせよう、この世の最勝のものを。
天則の力で、マズダーよ、わたくしは知っています、それ（世）を創造された方《かた》を――
〔それは〕活動力あるウォフ・マナフの父にましますが、
一方、その方《かた》の娘は善行のアールマティです。

5 一切をみそなわし給うアフラは欺きまつってはならぬぞ。
では、わたしは説ききかせよう、最も聖なる方《かた》がわたしに仰せられた
ことばにして、人々にとって聞くに最勝なる物を。
その物のために、われ（ザラスシュトラ）に聴従と敬意をささげるものどもは、だれで
も
完璧・不死に到るであろう、
〔かれらの〕善思の行動によるがゆえに――とマズダー・アフラが〔仰せられた、その
最勝なるものを〕です。
6 では、わたしは説ききかせよう――あらゆるもののうちで最大にましまし
〔世に〕あるものどもに恵みぶかい御方《おんかた》を、天則に従って讃嘆し奉りながら。
スプンタ・マンユを通して、マズダー・アフラは聞いてください。
その御方を礼讃するにあたって、わたくしはウォフ・マナフと談合したのですから、
その御方は、御自《おんみずか》らの意思をもって、わたくしに最勝のことがらを教えてください。
7 まことに、現生しているものも、已生のものも、そして当来のものたちも
この方《かた》の恩賚を実践することを願い求めるべきで、
不死のなかに義者の魂が悦びたのしみ

不義なる人にとって苦難なことが永続すること——(127)
かかることをも、その王国を通して、マズダー＝アフラは定め給うた御方《おんかた》です。
8 〔信徒曰く〕「その方《かた》をわれらに、頂礼の讃嘆をもって、御身〔ザラスシュトラ〕は応現
させてください。」
〔ザラスシュトラ曰く〕「はや、まことに、眼《まなこ》に見奉ったぞ。
善思、〔善〕行および〔善〕語をば
天則に従って知っている〔この〕わたしは、そのマズダー・アフラをです。」
9 〔信徒曰く〕「では、その方《かた》への礼讃を宝蔵(128)にわれらは置きたいもの。
思い(129)のままに、〈われらに〉、幸いと不祥とをくだし給う
その方《かた》を、ウォフ・マナフとともに、われらに好意あらしめ給え。
マズダー＝アフラが、その王国を通して、われらを精力のなかに(130)おき給うよう
——天則による安産によって(131)、ウォフ・マナフに属する
家畜・家人《けにん》といったわれらのものを、栄えさせんために——。
10 調息(132)のなかに『〔われはこれ〕マズダー＝アフラなり』と〔御身ザラスシュトラによっ
て〕聞かれし
その方《かた》を、われらの随心の神事をもって、満足さしてください。

御《おん》みずからの天則とウォフ・マナフを通して、御みずからの
王国に完璧・不死をその方《かた》が約束し給うたからには、
ここなる〔地上の〕境涯にも耐久力・持久力を授け給うように。」
11 されば人あって、のちに、諸天と諸人にして
かの方《かた》（アフラ）に随念し奉るどころか
かの方を侮念し奉るやからを、侮念すれば、
サオシュヤントの聖なるダエーナーも家長の〔それ〕も
〔彼の〕盟友、兄弟あるいは父となりましょう、マズダー・アフラよ。

一一（ヤスナ第四十六章）

1 いずれの地を牧す(133)べきか、牧するためにどこへわたくしは行くべきでしょうか。
人々は自由民からも、アリヤびとからも〔わたくしを〕遠ざけ、
わたくしが行《こう》を共にしようとするもろもろの労役民も、わたくしを満足させず、
邦の不義なる暴君どもも、そうしてはくれません。
いかにして御身を、マズダーよ、わたくしは満足させましょうか、アフラよ。
2 わたくしは知っています、何ゆえにわたくしが、マズダーよ、無力であるかということ

を。
わが畜類の少ないためと、わたくしが家人《けにん》の少ないがためです。
わたくしは御身に訴えます、それをごらんください、アフラよ。
友が友に与えまほしい助けを賜いながら
教えてください、天則とともなるウォフ・マナフの資産を。
3 いつ、マズダーよ、日の牡牛どもは、[134]
天則の世を〔われらが〕確保せんために、あらわれ出るでしょうか。

〔喜び〕溢れる言説をもってサオシュヤントたちの意思は〔いつ、あらわれ出るでしょう〕か。

だれたちを助けに〔御身さまは〕、ウォフ・マナフとともに、来給うのでしょうか。

〔それは〕わたくし〔を助け〕にです。御身〔のこと〕を説ききかすことを、わたくしは選取したのです、アフラよ。
4 ところが、不義者は、天則の運載者たち[135]を阻んで
郷や州で牛をふやすことをさせず、
不評者として、おのが行為によって不快視されているもの。
人にして、彼から権勢や生《せい》を奪うなら、マズダーよ、

その人は、彼ら〔天則の運載者たち〕を、〔御身たちの〕慈眼[136]の先導者・道案内とするでしょう。
5 あるいは、人にして、よく給料を支給すること[137]ができ、〔おのがもとに〕来たれるものをとどめおこうとするなら、
〔その身みずから〕契約をよく諒解しているもの[138]としてか、あるいは約項に
合致して[139]生活するもの――それは〔自身〕義者として不義者を
区別するもののこと――として、そのことを自由民に告げるべきです、
彼を、マズダーよ、破約から[140]救うために、アフラよ。
6 しかし、人にして、そういう人のもとに求めて来ることをしないなら、
彼は「不義」の一味の家に行くがよい。
なんとなれば、不義者にとって最勝のもの〔友〕なら、これ不義者であり、
義者が友となっているものはこれ義者たるは、
アフラよ、御身がはじめのもろもろのダエーナーを創造し給うてこのかた〔の法〕だからです。
7 不義者がわたくしを、加害するために、捉えようと思っているときにです、
御身の火と御意《みこころ》とを措いてほかに

——この二座のわざにより天則は成熟してゆくもの[141]を、アフラよ——
だれをいったい庇護者として、マズダーよ、わたくしめに、御身は授け給うのですか。
わたくしの知らねばならぬことを、〔わが〕ダエーナーに説ききかせてください。

8 あるいは、人にしてわが庶類に加害しようと企てるとき、
そのものの行為によって、わたくしに脅威の及ぶことのないように。
逆戻りしてそれ（行為）が禍いとともに当たりますように、彼の
身にです。マズダーよ、それ（行為）がどんなものであっても、禍いをもって、
彼を安穏[142]からは遠ざけるも、苦患からはそうしませぬように。

9 みわざにおいて聖なるもの、義者におわしますアフラ、
最も迅速にまします御身を、いかにしてわれらは崇め奉るべきか〔——それ〕を
最初にわたくしに教えるべき誠実者はだれですか。
御身の有《もの》にして天則とともに存し、牛の造成者[143]が天則に語《はな》したところのもの——
御身の有《もの》にしてウォフ・マナフとともに存するものたるそれを、人々（信者）は、わたくしに願い求めているのです。

10 あるいは、人にして、わたくしに、男子にせよ、あるいは女子にせよ、マズダー・アフラよ、

御身が、世[144]のものとみとめておわす物を、大切にする者、
さらには、御身たちさまを礼讃するために、わたくしが行《こう》を共にしようと思う者
――そうした人々全部とともに、わたくしはチンワントの橋を渡ってゆきましょう。

11 世を破壊するために、人間を悪行に
権勢をもって結びつけるのは、カラパン僧らとカウィ王侯らですが、
その彼らに、彼ら自身の魂と彼ら自身のダエーナーは立腹するでしょう、
いつの日までも「不義」の家に客たる
彼らが、チンワントの橋のあるところにやって来るときに。

12 トゥランびとフルヤーナの喧伝されるべき
世嗣《よつぎ》[145]や孫たちのあいだに、アールマティに付属する
庶類を熱心に栄えさせるものたちが、天則のおかげで、興起したので
彼らに助力するために示現しようとして、マズダー＝アフラは、
彼らを、ウォフ・マナフに〔慫慂《しょうよう》され〕て、引見し給うた。

13 人にして、〔われ〕スピターマ・ザラスシュトラを、実践をもって
人中にあって〔よく〕満足させるなら、彼は上奏されるに値いするもの[146]。
しかるときは、彼に、マズダー＝アフラは生を授け

彼のためにその庶類を善思をもって栄えさせ給うし、
われらは〔われらで〕彼を御身たち(147)にとってのよき友なりと、天則に従ってみなすものです。

14 〔アフラ・マズダー曰く〕「ザラスシュトラよ、どういう義しい盟友が、そなたにはあるのか、
偉大なるマガに与《あずか》るためにだ。あるいは、だれが上奏されることを望んでいるのか。」
〔ザラスシュトラ曰く〕と申しますと、彼カウィ・ウィーシュタースパです、善哉。
御身が、マズダーよ、〔御身の〕王城に、アフラよ、招じ入れ給うものども——
そのものども〔の名〕を、善思のことばをもって、わたくしは呼びあげましょう。

15 ハエーチャス・アスパの子孫でスピターマ家のものたちよ、御身どもに、わたしは〔こう〕言おう(148)
すなわち、御身どもは正しいものどもと、正しからざるものどもとを区別すべきである、
と。

⋯⋯⋯⋯⋯⋯⋯⋯

アフラの、第一〔世界〕のもろもろの律法
に則って(149)、御身どもは、みずからの行為をもって天則をその身に獲得したものです。

16 フラシャオシュトラよ、かしこに御身は、誠実者どもとともに、往けよ
フウォーグワよ[150]、われらふたり[151]が〔万事〕その所望どおりにあれと望んでいる彼ら〔誠実者〕とともにです――

17 かしこはアールマティがアシャと共存しているところ、
かしこは王国がウォフ・マナフの資産の中に存しているところ、
かしこはマズダー＝アフラが溢れる恩賚の中に止住してましますところ、
かしこは御身どものために讃辞[152]をわたしが述べようとおもうところ
――侮辞でなしに――、ジャーマースパ・フウォーグワよ
〔すなわち〕正しいものと正しからざるものとを区別するのに
賢明な助言者[153]たる天則を通してなし給うなるマズダー・アフラへの
御身どもの礼讃を、〔御身どもの〕実践的慴服とともに、〔わたしが申し述べようとおもうところ〕です。

18 人にしてわたくしに幸いすれば、彼に、わたくしの方《ほう》でも、最勝のものを
約束します――ウォフ・マナフのおかげで得た、わが資産の〔最勝のもの〕をです。
人にしてわれらを禍害におとしいれたいなら、禍害を彼に〔わたくしの方《ほう》でも約束します〕。

マズダーよ、天則によって御身たちの所望を満足させようとする〔わたくし〕です。
これ、わたくしの意思と心との決定です。
19 御所望のなかに首位第一を占めるところのものを、ザラスシュトラなる
わたくしに、人あって天則に従って〔よく〕実現してくれるなら、
彼は他界的報償[154]に値いするものとなって、彼には
考え及ぶ一切の物とともに、牛と乳牛とがその有となるでしょう。
これらのことをも――わたくしには見えるのです――御身は、マズダーよ、最もよく知っています方《かた》だ、と。

一二（ヤスナ第四十七章）

1 スプンタ・マンユと最勝のウォフ・マナフを通して、
天則に従って――[155]〔彼の善思と善〕行と〔善〕語のゆえに――
完璧と不死を彼に授けてください、
マズダー＝アフラは王国と相たずさえアールマティを通してです。
2 この最勝なるスプンタ・マンユの最勝のものを彼は
舌では善思に叶うことばをもって、

手では随心に発する行為をもって実践すべきであり
〔心では〕「彼マズダーは天則の父」と、かく認識することによって〔実践すべきである〕。

3 彼のために招福の牛を造成し給うた
この〔スプンタ・〕マンユの、御身（アフラ・マズダー）は、聖なる父にておわします。
ついでそれ（牛）の牧地のために、御身は、平安としてアールマティ[156]を造成し給うたが、
これは、それ（アールマティ）がウォフ・マナフと談合せんためです、マズダーよ。

4 この〔スプンタ・〕マンユから不義者どもは悖《もと》るが、
マズダーよ、〔この〕スプンタ〔・マンユ〕から義者たちはそうではありません。
支配者たるものは、義者にとっては、憧憬されるべく[157]ありたいし
不義者には悪しきもので〔ありたい〕――僅かのものの〔支配者〕であれ、多くのものの〔支配者〕であれ――。

5 そしてこのスプンタ・マンユを通して、マズダー・アフラよ、
義者に御身が約束されました最勝なる物にはどんな物にも、
御身の御意《ぎょい》〔を得ること〕なしに、不義者は与ろうとしています――
おのが行為をもって悪思に止住しながらです。

6 このスプンタ・マンユを通して、マズダー・アフラよ、御身は定め給うたのです——
アールマティと天則との介添えによって
火をもって両軍のうち善い方〔の軍〕に〔善き報応を〕頒与し給うということを。
なんとなれば、こ〔の頒与〕は、願い求めている多くのものたちを、改信させるべきものだからです。

一三（ヤスナ第四十八章）

1 もし、これらの方々《かたがた》(158)と相たずさえて、〔御身さまが〕天則に従って不義を征服し給うなら——
諸天にとっても諸人にとっても不死(159)のなかにありと
詳細に説きかされていることが、願わくは到来しますように——、
御身の恩賚のゆえに、〔御身さまは御身にたいする〕礼讃を助長される(160)でありましょう、アフラよ。
2 わたくしに語《はな》してください、御身の知ってましますことを、アフラよ。
御身の考えておわす裁きがやって来ない前にです、
いったい義者は、マズダーよ、不義者を征服するでしょうか。

なんとなれば[161]、それ（裁き）は世の正善なる建直しとわかっているからです。

3 ところで、献身者にとって、もろもろの教えのうちで最勝なるものは
これ、恵みぶかいアフラが天則を通して教え給うているものですが、
その御身さまは、マズダーよ、ウォフ・マナフの意思とともに
深遠なみことばをも知ってまします聖なるかた。

4 人[162]にして〔その〕心を、より善良にしたり、より劣悪にしたりするなら、マズダーよ、
彼は、〔おのが〕ダエーナーを、行為とことばをもっても〔そうするもの〕です。
彼はおのが嗜好・願望・信条に随従し、
御身の御意思のなかで終末には疎外者《のけもの》となるでしょう。

5 善良な支配者たちがわれらに〈君臨してくれますように〉、邪悪な支配者たちが君臨することのないように。
慈眼[163]のわざをもって、アールマティよ、
最勝者として御身はきよめてください、人間のためにも分娩を[164]。
御身は牛のために牧養してください、御身はそれを、われらの食用となるように牧畜してください。

6 まことに[165]、かの女〔神アールマティ〕はわれらによき家を、かの女はわれらに持久力

耐久力を授け給うのです、善思の吉祥なるもの（アールマティ）よ。

されば、かの女のために、天則を通して、マズダーは草木を生育させ給うたのです(166)——

アフラは、第一の世を生み出し給うに際してです。

7 アエーシュマはふん縛られてあれよ。残虐(167)にたいし、御身どもは抵抗せよ。
御身ども、天則によって〔なされるところ〕の、ウォフ・マナフによる囲繞を
確保したいと思うものたちよ。人にして、その〔ウォフ・マナフの〕伴侶となれば〔よ
く〕聖となり、
かくて、その人の座は、アフラよ、御身の邸《やかた》にあるのです。

8 御身の、マズダーよ、よき王国の資産は何ですか。
御身の報応の〔資産〕にして、御身の有《もの》であり、わたくしの有《もの》たるは何ですか、アフラ
よ。
御身の有《もの》にして天則とともにある〔資産〕は何ですか。——〔わたくしの〕誠実者ども
に明示するためにわたくしは願うのです、
善思のわざの助成者として(168)。

9 いつわたくしは知るでしょうか、脅威がわたくしを脅している者を、
マズダーよ、天則を通して、御身がよく制し給うかどうかを。

ウォフ・マナフの秘義[169]を正しくわたくしに〔御身さまは〕語《はな》してください。

サオシュヤントたるもの[170]は知っているべきでしょう、身にどのように報応があるかどうかを。

10 いつ、マズダーよ、叫び声を挙げることから〔訣別して〕[171]、壮士たちは〔われらの〕祭儀に臨むでしょうか。
不届きにもカラパン僧らがそれをもって吐き気を催させ
またよってもって故意に、諸邦の劣悪な支配者どもが〔然《しか》なすところ〕の
かの酒という汚水を、いつ、御身は打倒し給うのですか。

11 いつ、マズダーよ、天則とともにアールマティは
来るでしょうか。〔いつ〕王国とともに、牧地豊かな楽園は〔来るでしょうか〕。
だれだれが血に飢える不義者どもからの安全を獲得するでしょうか。
だれだれのもとにウォフ・マナフの〔慈〕眼[172]が来るのでしょうか。

12 そういえば、人々にして、天則とともなる行動をもって、マズダーよ、御身の宣告を
充ち足らわせることに、善思でもってこれ従うなら、
彼らは諸邦のサオシュヤントらとなるでしょう。
彼らはアエーシュマの打倒者として使命づけられているからです。

一四（ヤスナ第四十九章）

1 ところで、わたくしを味方にするために、[173] ブーンドワは最大の手を打ってきましたが、
そのわたくしは〔誰あろう〕、悪い牧者のもとにあるものどもを、天則に従って、満足
させたいと思うものです、マズダーよ。
よき開示をもって、わたくしのもとに御身は来てください、わたくしに御身は助力して
ください、
2 彼（ブーンドワ）にウォフ・マナフを通して死をくだし給え。
して、わたくしを彼ブーンドワに付随させようとして、[174]
不義なる教師はますます天則から悖っているのです、〔すなわち〕
彼は聖なるアールマティをおのが有として把握していないし、
また、ウォフ・マナフと談合してもいないのです、マズダーよ。
3 しかし、われらの信条におかれているものは、マズダーよ
「天則は利益《りやく》するために〔存す〕」であり、〔われらの〕教義に〔おかれているもの〕は
「不義は破壊するために〔存す〕」であって、
これをもってわたくしはウォフ・マナフとの交わりを求め

すべての不義者を教朋[175]から追放するものです。
4 人々にして、邪悪な意思をもってアエーシュマと残虐[176]を強大にするに
おのが舌をもってし、牧養者らに伍して牧養はせず、
〔また〕その悪行も善行によって皆済されないなら、[177]
彼らはダエーワどもを大切にするもの——そのダエーナーは〔といえば〕不義者の〔そ
れなの〕です。
5 ところが、マズダーよ、こういう人こそ乳であり酪なのです、
すなわち、〔おのが〕ダエーナーをウォフ・マナフと交わらせ
——だれにせよ——アールマティの何たるかをよく諒解して、天則と
さらには、アフラよ、御身の王国にあるすべてのものと〔もおのがダエーナーを交わら
せる〕もののことです。
6 御身たちの意思に属し、御身たちの御心《みこころ》とともにあるところのものを
語り給うよう、すすんでわたくしは、マズダーよ、御身たちとそして天則に願うもので
す——
アフラよ、御身たちさま〔そのもの〕であるかの教法《ダエーナー》[178]を
われらが〔人々に〕聞かせんために、正しく決定するためです。

7 そしてこ〔の問い〕をウォフ・マナフを通して、マズダーよ、〔御身さまは〕聞いてく
ださい、
天則を通して〔御身さまは〕聞いてください、御身は耳を傾けてください、アフラよ。
どんなアリヤびとがあり、どんな自由民があって、〔よく〕律法に従って
労役民によい名聞をもたらしてくれるでしょうか。
8 フラシャオシュトラに御身は授けてください、天則との最も歓喜に充ちたる
交わりを――このことを御身に、マズダーよ、わたくしは懇願いたします、アフラよ
――
そしてわたくしにも、御身のよき王国にあるそれ（交わり）をです。
いつの日までも、われらはふたりとも[179]〔御身の〕使徒でありたいのです。
9 〔御身さまは、わたくしのこの〕教えを聞いてください「養世者が[180]、〔世を〕利益《りやく》するた
めに、創成されています。
彼は正語者として不義者との交わりには関知せぬもの――
天則につながれたるものたちは、最勝の報償に、〔おのが〕ダエーナーを
つないでいるからです――、善哉、ジャーマースパよ。」
10 そしてこれを、マズダーよ、御身の邸《やかた》にとどめおき給わんことを[181]、

〔すなわち〕義者たちの善思と魂と
頂礼をです――して、それ〔ら〕はアールマティとイージャー[182]とがよってもって
大きな勢力を得、不断に助けを頒与するに至るものです。[183]
11 これにたいし、悪政者ら、悪行者ら、悪語者ら、
悪ダエーナー者ら、悪思者ら――〔かかる〕不義者らを、
汚悪な食物をたずさえて〔彼らの〕魂が迎えにやってくる。
彼らは「不義」の家の客人なのである。
12 いかなる御《おん》助けが天則に従って御身には〔用意されて〕あるのですか、〔御身を〕呼び
求めている
〔われ〕ザラスシュトラにたいして。いかなる〔御助け〕がウォフ・マナフを通して御
身にはあるのですか。
そのわたくしは御身たちに讃頌をもって、マズダーよ、参進いたしましょう、アフラよ、
御身たちが御自身のもとに、最勝の物として領してましますものを、懇願し奉りながら。

一五（ヤスナ第五十章）

1 いかなる御《おん》助けを、わたくしの魂は、どなたかから、あてにしてよいでしょうか。

天則よりほかに、そして御身より〔ほかに〕——マズダー・アフラよ、
呼び求められれば示現しますものよ——かつまた最勝のウォフ・マナフより〔ほかに〕
だれがわたくしの家畜の、だれがいったいわたくし〔自身〕の庇護者として見出されているのですか。

2 どのようにして、マズダーよ、招福の牛を願い求めたらよいでしょうか、
それを牧地もろともおのが有にと願う人は。

太陽を忌む多くのものどものあいだにあって、[184]天則に従って正しく生活しているものたち——

かかるものたちに明示するために、わたくしを、施与するものたちの施物にありつかせてください[185]。

3 身近の庶類——それには不義者も与《あずか》ろうとしています——を、人にして、報応の力で強大にせんに、
王国とウォフ・マナフを通して彼に〔御身さまが〕約束し給うたもの〔牝牛〕は、
すくなくとも、天則に従って、マズダーよ、その人の有となるでしょう。

4 されば御身たちをわたくしは崇めましょう、マズダー・アフラよ、〔御身を〕讃嘆しな

がら、
天則とともに、また最勝のウォフ・マナフと〔ともに〕
かつまた、王国と〔ともに御身を讃嘆しながら〕。誠実者らに明示するために、わたくしは聞きたいのです——
宝蔵[186]において——、いかなる賦活物が、〔そこへの〕道で、〔われらを〕待ちうけているかを。
5 〔けだし〕われらを楽土におき給うべき、御手の指示が
御身たちによって、マズダーよ、天則に従って許されているからで、アフラよ、
それというのも、目にみえる、あらわなる御助力をもって
御身たちの預言者に、御身たちは助援し給うてきたからです。
6 預言者として声を挙げているのは、マズダーよ、
天則に従い、頂礼を通して盟友たるもの〔われ〕ザラスシュトラです。
意思を創造された方《かた》は、ウォフ・マナフを通してお教えくださるように——
わたくしの調律[187]・〔わたくしの〕舌に、馭者の出来るために[188]。
7 そうすれば、御身たちのために、わたくしは〔車に〕つなぎましょう、最速の駿馬を
——

彼らは御身たちへの礼讃の拍車によって大股《おおまた》で走り、
マズダーよ、天則に従って、ウォフ・マナフを通して力みなぎれるものです。
それらを駆って、御身たちは、こなたへ御来駕ください。わたくしへの助けに御身たち
　はあたっていただきたい。

8 イージャーの〔歩調〕[189]として謳われている歩調をもって、御身たちを、
マズダーよ、手をのばしながら[190]、わたくしはつつみましょう[191]――
して、御身たちを、天則に従いかつ誠実者の頂礼をもって、
して、御身たちを、善思の善巧をもってです[192]。

9 これらの神事をもって、御身たち〔の大前〕に、讃嘆しながら、わたくしは参りましょ
　う――
マズダーよ、天則に従い、善思の作法をもってです。
わたくしの報応を、わたくしが思いどおりにすることのできるとき、
わたくしは喜捨してくれる人の恵沢[193]に浴したいと熱望しています[194]。

10 そして、わたくしが実行しようとするもの、ここなる周《まわ》りのものどもによる行為、
さらには、善思によって眼に価値あるものとなるもの[195]、
太陽の光、日々の逞しい牡牛[196]は〔――みなこれ〕

天則に従って、御身たちへの礼讃のためにあるのです、マズダー・アフラよ。
11 されば、わたくしは御身たちの讃嘆者と名のりましょう、マズダーよ、そして〔それ
で〕ありたいのです――
わたくしにして、天則を通して、能くなし得、また力あるかぎり。
世の創造主はウォフ・マナフを通して推進してください、
御所望のなかに首位第一を占めるところのものの実現を。

一六（ヤスナ第五十一章）

1 望ましのよき王国は招〔福〕第一なるわけまえをば、
乳酪をもって布施する者に、天則に従って斡旋してくれるのです――
〔布施者の〕行為にたいし、マズダーよ、最勝なる〔わけまえ〕をです。それをわれら
に、いまこそ、わたくしは得たいものです。
2 御身たちに、マズダーよ、始元《はじめ》から属しているもの、アフラよ、そしてまた、天則に属
しているもの、
さらには、アールマティよ、御身に属しているもの――わたくしに御身は見せてくださ
い、〔そういった〕資産の王国、

御身たちの〔王国〕を、ウォフ・マナフを通して。恩賚を〔わたくしが〕礼讃し奉るた
めに、〔それらを〕御身は授けてください。

3 御身たちの耳が傾けられますように――〔すなわち、善思の〕行為を通して御身たちと
交わり、
舌では、善思のことばを通して〔そうする〕人々にたいしてです。アフラとして天則に
従って
御身は、これら〔の行為やことば〕の最初の教師《おしえおや》にましますものを、マズダーよ。

4 どこに悲嘆の代りに愉悦[197]が、どこに温情が待ちうけているのでしょうか、
どこに名声をもたらす天則が、どこに聖なるアールマティが、
どこに最勝のウォフ・マナフが、どこに〔それらが〕御身の王国とともに、マズダーよ。

5 これらすべてのこともお尋ねしますが〔ほかにも、まだあるのです〕、果して天則のお
かげで牛を獲得するでしょうか
牧養者にして、行為を通して正しきに叶い、頂礼を通して善を意思するにおいては、で
す。
して、〔その頂礼の対象は〕正しい人々のために裁き人を、御自《おんみずか》らは報応の所持者とし
て、能く正導し給うおん方《かた》であり、

6 だれにせよ、その所望を成就しまいらす者に、よきものよりよりよきものを下《くだ》すに
大御力《みちから》を通し〔てなし〕給うなるアフラ＝マズダー、これにたいし、悪しきものよりよ
り悪しきものをば
彼〔アフラ〕に献身しないものに、世の終末の一周に際して〔下し給うアフラ・マズダ
ー〕です。

7 最勝のスプンタ・マンユを通して、マズダーよ、完璧・不死と
牛と水と草木とを創成し給うた御身は、わたくしに授けてください、
宣告に際し、ウォフ・マナフを通して、耐久力と持久力とを。

8 では、まことに、二事をわたくしは説きましょう、マズダーよ――まことに穎悟者に人
は〔それを〕語《はな》してほしい――
すなわち、不義者には〔事は〕悪しきに〔展開し〕、天則を堅守するものには〔事は〕
その望みどおりに〔なるであろう〕ということです。
穎悟者に語そうとおもうこの預言者（わたくしめ）は、まことに幸いされたるものです。

9 御身の紅い火により、マズダーよ、熔鉱をもって、
両軍に御身が下《くだ》し給う神判を〔人々の〕心想中に印しとして付与してください、
不義者を滅ぼし義者を利益《りやく》せんために。

10 ところが、そうしたこととは逆に、人あってわたくしを毀とうとするなら、マズダーよ、
彼は「不義」の庶類の落とし児として延いては〔世に〕あるものどもに害意ある者なの
です。
よき報応とともに〔天則が〕来たり給うよう、わたくしのためにわたくしは天則を呼び
求めましょう。
11 だれが、スピターマ・ザラスシュトラにとっての盟友たる人ですか、マズダーよ。
それとも、だれが天則と談合したのですか。だれとともに、聖アールマティはあるので
すか。
それとも、だれが正しいものとして、ウォフ・マナフのマガに導入されたのですか。
12 冬期の橋[198]において似而非《えせ》カウィのワエープヤは、こ〔のザラスシュトラ〕を満足させな
かったのでした。それというのも
その二頭の馬がそこに来てそのうえ寒さに慄えていたとき、
〔その〕ザラスシュトラ・スピターマがおのがもとに来ることを、やつは拒否したから
です。
13 このようなわけで、不義者のダエーナーは正〔道〕の真実を誤るのです。
彼の魂はチンワントの橋において〔彼に〕立腹するでしょう、〔けだし、彼に〕明示せ

んためです
「〔そなたは〕じぶんの行為と舌の〔それ〕とで天則の道から外れたもの」といって。

14 「盟友[199]とか律法の者としてカラパン僧らは牧地に副うことはせず[200]
みずからの行為と言説とをもって牛に悲嘆させる張本人」――
〔これ〕終末には彼らを「不義」の家におとしいれる宣告です。

15 〔これにたいし〕ザラスシュトラがマガ者たちに約束した報償は
宝蔵[201]にあるもので、アフラ・マズダーが最初に到達し給い、
彼（アフラ・マズダー）によって御身どもにウォフ・マナフを通しかつ天則に従って[202]
〔御身どもの〕利益《りやく》のために約束されたものです。

16 聖マズダー・アフラがアシャを通して意思をもって創成し給うた天眼に
カウィ・ウィーシュタースパはマガの力によって到達しました――
善思の歩調[203]をもってです。〔信徒の唱和〕「われらを〔アフラの〕御《おん》望みのままに、その
ようにならせ給え。」

17 わたくしにフラシャオシュトラ・フウォーグワは吉祥な身体を描《えが》いてみせました[204]
――〔彼自身の〕よきダエーナーのために――が、その願わしいもの（身体）を彼にお
授けください

能くなし給うマズダー・アフラは——天則の恵沢[205]を〔彼フラシャオシュトラが〕享けん
ためです。

18 この〔同じ〕天眼を、資産をもって赫々たるジャーマースパ・フウォーグワも、天則に従って選取していますが、けだしウォフ・マナフの王国を得んためです。わたくしに、アフラよ、御身はこのことをおゆるしください、すなわち、マズダーよ、
御身のものが助力し給わんことです[206]。

19 それ（王国）を、マドヨーイモーンハ・スピタマよ、みずからに創《つく》り出す[207]人はといえば、創造主マズダーが「現世の生活にとっては行動の点でこの上なし」と、それについて仰せられるごとき境涯を、〔おのが〕ダエーナーをもって献身しつつ願い求める[208]
もののことです。

20 この御身たちの恩賚をわれらに、〔御身たち〕心を一つにしておわすすべての方々が、
賜わらんことを。
〔すなわち〕ウォフ・マナフとともに天則、〔それに〕この方々《かたがた》とともにいますといわれ
ているアールマティ、
〔こういった〕頂礼をもって崇められている方々、〔ならびに〕助けを賜うマズダー〔ご
自身〕がです。

21 アールマティに属せば人は聖となり、かかる人は天眼とともにあって、ことばと行為と
ダエーナーをもって天則を栄えさせ、善思をもって王国を〔栄えさせる〕。
――マズダー＝アフラは授け給わんことを――こ〔れへ〕のよき報応を、わたくしは懇
願し奉ります。
22 [209]かつて世にあったものたちや現に世にあるものたちのうちのだれを崇めれば、そこに、
天則により
わたくしにとって最勝のことがあるかを、マズダー・アフラが知っておわしますごとき、
そのようなものたちを、それぞれの名を呼んでわたくしは崇め、そして讃称をもってわ
たくしはとりまこう。[210]

一七（ヤスナ第五十三章）

1 資産が最勝のものと聞えているのはザラスシュトラ・
スピターマのですが、けだしそれを恩典として彼に授け給うた
――天則に従って――のはアフラ・マズダーだからで、〔この恩典すなわち〕いつの日
までも幸いなる生命を、
彼（ザラスシュトラ）のよき教法《ダエーナー》のことばと行ないとを実践し[211]堅守するものたちにも

〔マズダーは授け給うの〕です。

2 されば、マズダーを充ち足らわせることと、礼讃のためにすすんで崇敬し奉ることに、彼〔ザラスシュトラのよき教法《ダエーナー》〕のこころとことばと行ないとをもってこれ従うてほしいのは、カウィ・ウィーシュタースパとザラスシュトラの子スピターマならびにフラシャオシュトラで、〔彼らが〕サオシュヤントのものとしてアフラの創成し給うたかの教法《ダエーナー》のために、至直の道を敷きながらです。

3 さて、これなるもの(212)を——そなたポルチスター、ハエーチャス・アスパの子孫でスピターマ家の女性であり、ザラスシュトラの娘のなかで一番末の〔そなた〕——、そなたに、ウォフ・マナフと、アシャとそしてマズダーとの代教者として、めあわしたのです(213)。されば そなたの知恵(214)と談合しなさい。アールマティに属する最も聖なる女性、喜捨する女性として、そなたは行動しなさい。

4 〔花嫁曰く〕「あたくしはあなたがた(215)のためにこの方《かた》(216)に誠実をもって侍《かしず》きましょう——してそ〔の誠実と〕はよってもって父のために献身し

また夫《おっと》のために、牧養者たちのために、また自由民のために、
義者たちのために、義しい女性として〔献身するところ〕のものなのです。ウォフ・マナフの収穫《とりいれ》[217]の太陽のごとくして……………[218]なものを
マズダー＝アフラは、よきダエーナーに、いつの日までも、お授けくださるように。」
5 訓辞をわたしは述べよう、花嫁となる乙女《おとめ》たちと
御身ども[219]とのために、花嫁の仲人として。そしてそれを御身ども[220]は銘記してください。

ウォフ・マナフのものたる世（境涯）を求めて、〔御身どもの〕ダエーナーをもってこれ努めてください。

御身どものうち、一は他を、正信[221]において、凌駕してもらいたい。というのも、そのことが、めいめいにとって、善果をもたらすだろうからです。
6 このようにこれらのこと[222]は真実です、〔御身ども〕男子たちよ、このようにです、〔御身ども〕女子たちよ。
不義に依拠するもの[223]にして、御身どもが栄えていると見ているものを、
御身どもはその身から遠ざけよ[224]。悪食が〔設けられて〕あるのは悲嘆の声をあげるやからで、安楽の失われるのは
天則をないがしろにする不義者どもです。こう〔不義者のごとくふるまうように〕なっ

ては、御身どもは、じぶんで、心霊界を破壊することになるのです。
7 しかし御身どもには、このマガ[225]の報償があるでしょう——
いちもつがはげしくもえて両もものふかいところで、
不義者の霊《マンユ》が消えさらんがために、まえにうしろに作動しつつあるあいだは。
御身どもがこのマガからはなれるなら、そのときは「ああ」[226]が御身どもの終末のことばとなるでしょう。
8 これによって、悪行者どもは欺かれ〔てこんな境涯におち〕るべきもの[227]となるがよい、
そして見棄てられるべきものとなり、ことごとく〔悲嘆の〕叫び声を挙げるがよい——
殺戮するやからや毀傷するやからはだ。そして定住せる人々に[228]、かかるやからからの安全をつくり出し
彼らのもとに死の枷《かせ》とともに来到してもらいたいものは、かの最大の窮境[229]です——そして、このことが即時におこりますように。
9 邪信のともがらとともに崩壊がやってくる。敬すべきものたちを貶《おと》しめることを
求めるやからは天則をないがしろにし、身体に罰をうけたやからです。

彼らから生と行動の自由とを奪い給うべき義者アフラは、どこに〔おわすのです〕か。

正しく生活する貧しきもの[230]に御身が、それを通して、よりよきものを授け給うもの——

それは、マズダーよ、御身の大御《み》力です。

七章のヤスナ

一（ヤスナ第三十五章）

1 義者にして天則に依る裁き人アフラ・マズダーをわれらは崇める。正《ただ》しく支配し給う正
見者アムシャ・スプンタたちをわれらは崇める。義者の境涯を、心霊界のものでも現《げん》
世《ぜ》界《かい》のものでも、われらは崇める――よき天則への讃嘆をもって、マズダーをまつる
よき教法《ダエーナー》への讃嘆をもって。
2 われらは、もろもろの善思、もろもろの善語、もろもろの善行にして、ここや他のとこ
ろで現になされ、またすでになされたるものの称讃者であるとともに、またもろもろ
の善事の追求者です。
3 そこで、われらの選取したいことは、このことです、アフラ・マズダーよ、美しき天則
よ。すなわち、世にあるもろもろの行ないのうち、両界にとって最勝のものとならん

ものを、われらが思惟しそして言語しそして実践したい、ということです。

4 牛のためにこれらをもって――〔すなわち〕最勝なる行ないをもって――われらは願いたい、聴従するものどもにも聴従しないものどもにも、勢力あるものどもにも勢力なきものどもにも、平安と飼糧とをつくり出すように、と。

5 最も正しく支配し給う方《かた》にこそ、われらにとって大切な王国を、われらは帰属させ、そしてわれらは約束し、そしてわれらは富強にするものです、すなわち、マズダー・アフラと最勝のよき天則とに、です。

6 男子にせよ女子にせよ、真実のことを知るときは、そのとおりに善きことを熱誠をもって実践すべきである。〔そうです〕それを自分自身のためにです、そして、それがあるとおりにそれを実践すべき人々に、それを理解させるべきです。

7 御身たち[231]アフラ＝マズダーへの神事と礼讃と、牛への飼糧とを最勝のものと、われらは考えるからです。されば、それを御身たちのためにわれらは実行し、そして〔他の人々にも〕理解させよう――われらにして力あるかぎりは。

8 では、天則の教胞[232]、天則の労役民のあいだでなら、だれにでも、〔世に〕あるもののうちで最勝なる生活《くらし》を、両界にたいする開示として〔示してください〕。

9 ここで述べられたこれらのことばを、アフラ・マズダーよ、われらは説きかせよう、

天則をいよいよ深く思念することによって。そして御身を、それら〔のことば〕の懇
説者にして教師《おしえおや》と、われらは見奉ります。
10 天則に従い、またウォフ・マナフに従い、そしてよき王国に従って〔われらはそうしま
す〕、アフラよ、御身にとって大切な讃嘆に加えるに讃嘆をもって、御身にとって大
切なことばに加えるにことばをもって、御身にとって大切な神事に加えるに神事をも
って。

二（ヤスナ第三十六章）

1 この火の労役民としてわれらは、まず第一に御身をとりまこう[233]、マズダー・アフラよ、
御身を御身の最勝のスプンタ・マンユを通してです――その御身は、御《おん》みずから人に
禍害たらんと思召すなら、その人の禍害となり給うかたです。
2 最も歓喜に充ちておわすものとして、〔われらの〕懇願に際して、われらのもとに来て
ください、マズダー・アフラの〔子なる〕火よ。最も歓喜に充ちておわすものの歓喜
をたずさえ、頂礼を最もよく知っておわすものの頂礼をたずさえて、走行中の最大な
るものに際して、われらのもとに来てください。
3 火たる御身はマズダー・アフラに助力するものです、最勝のスプンタ・マンユとして御

身は彼（アフラ）に助力するものです。〔御身の〕もろもろの名のうちで御身に最も喜ばれるものをもって、マズダー・アフラの〔子なる〕火よ、われらは御身をとりまこう。

4 善思をもって御身を、善き正信(234)をもって御身を、慈眼(235)に出《い》ずる作法とことばをもって御身をわれらはとりまこう。

5 われらは崇敬しよう、われらは訴願しよう、御身に、マズダー・アフラよ。一切の善思をもって御身を、一切の善語をもって御身を、一切の善行をもって御身をわれらはとりまこう。

6 そしてもろもろの身体のうち最も美しい身体を御身にわれらは帰し奉ろう、マズダー・アフラよ、すなわち、崇《たか》いもののうちで最も崇いかの光明(236)がそれで、ここなる太陽もそこより出ているといわれているものです。

三（ヤスナ第三十七章）

1 牛と天則を創造し給い、水とよき草木を創造し給い、もろもろの光明と大地と一切のよきものを創造し給うたアフラ・マズダーを、このようにわれらは崇める、

2 彼（アフラ・マズダー）の王国と偉大と情けある御業《みわざ》のゆえに。

彼を、牛とともにいるものたちの神事の精華をもって、われらは崇める。

3 彼を、アフラに発し、マズダーの愛好し給う最も聖なるみ名をもって、われらは崇める。彼を、われらの身体と生命とをもって、われらは崇める。彼と、義者たる男子や女子のもろもろのフラワシ[237]とを〔ともに〕、われらは崇める。

4 最勝のよき天則をわれらは崇める、それは最も美しく、それはアムシャ・スプンタ、それは光明をもつもの、それは一切のよきものです。

5 ウォフ・マナフをわれらは崇める、またよき王国を、またよき教法《ダエーナー》を、またよき愉悦[238]とよきアールマティを。

四（ヤスナ第三十八章）

1 ついで、われらを載せているここなる大地を、かの妃神たちとともに、われらは崇める。アフラ・マズダーよ、御身の妃神たちは正信のゆえに望ましのものですが、そのかの女たちをわれらは崇める。

2 慶心、精進、談合、随心——これらとともに、よき報応、よき賦活物、よき酪、よき名声、よきパールンディ（豊穣）をわれらは崇める。

3 また諸水をわれらは崇める、すなわち湧き出るものや集合するもの、流れ出すもの、アフラに発しアフラのものたるもの、さらに、御身たち情けあるわざを行なうもの〔すなわち〕よく渡渉させるもの、よく游浴させるものやよく藻浴させるもの――両界に恩恵を施す〔かかる御身たち諸水を、われらは崇める〕。

4 そこで、よきものを与え給うアフラ・マズダーが御身たち（諸水）を創造し給うたときによき御身たちに与え給うたもろもろの名――それをもって御身たちをわれらは崇め、それをもってわれらは恩寵を願い、それをもってわれらは崇敬し、それをもってわれらは訴願する。

5 また、諸水よ、御身たちを妊《みごも》れる牛として、また御身たちを母として、御身たちを乳牛として、貧しきものを育《はぐ》くむものとして、すべてのものの飲料として、われらは呼び寄せる、〔ああ御身たち〕最勝なるもの、最美なるものたちよ。〔われらは呼び〕おろす、御身たちよきものたちを、禍害に際しては長腕による施しをもって、対抗的によく養護し、対抗的に示現《じげん》してくれるものとして、〔ああ御身たち〕命の母たちよ。

五（ヤスナ第三十九章）

1 このようにわれらは牛の魂と牛の造成者なる[239]両者を崇める、ついでわれら自身の魂とわれらを養う家畜どもの〔魂〕とを――それら（家畜）のためにここなる〔われら〕は存し、またそれら（家畜）もここなる〔われら〕のために存するから——。

2 また役にたつ野獣の魂をわれらは崇める、ついで、どこの生まれであっても義者たる男子や女子の魂をわれらは崇める。彼らのよきダエーナーはあるいは現に勝利し、あるいは未来に勝利し、あるいは過去に勝利したものです。

3 ついで、このようにわれらは崇める、善き男〔神〕たちと善き女〔神〕たち、すなわち永遠に生き永遠に栄え給うスプンタ・アムシャたちを。その男〔神〕たちはウォフ・マナフとともに住してましまし、またその女〔神〕たちもそのとおりにましますもの[240]。

4 御身は、アフラ・マズダーよ、もろもろのよきことを思惟し、そして言語し、そして企画し、かつ実践し給うが、そのとおりに御身に〔それを〕われらは帰属させ、そのとおりに〔御身にそれを〕われらは約束し、そのとおりに御身をそのゆえにわれらは崇め、そのとおりにわれらは崇敬し、そのとおりにわれらは訴願しよう、御身に、マズダー・アフラよ。

5 よき自由民、よき天則、よき愉悦[241]、よき随心に所属することをもって、御身をわれらはとりまこう[242]。

六（ヤスナ第四十章）

1 さて、これなる供物に
マズダー・アフラよ、みこころをとどめ給え
そして充ち足りてください、御身への供物に。
それはわれらにとって大切なものです、
マズダー・アフラよ、もろもろのダエーナーに、
わたくしめへの報償を、御身たちが授け給わんために。

2 このために、かかる御方《おんかた》として御身は、この世界と心霊の〔世界〕とのために、われらにこれ（報償）を授けてください――このためにとは、われらがこのこと、すなわち、御身に属しかつ天則に属する教朋[243]にいつの日までも到達してありたいためです。

3 では、マズダー・アフラよ、壮士らを〔このように〕してください、
天則を求める義者たるごとくに。
乳酪をもつ[244]堅固な教朋に
ながく役だつように、牧養者らを〔してください〕。
〔そしてそのいずれをも〕われらのためにわれらに助力するものに〔してください〕。

4 われらが行《こう》を共にしている自由民がそうであってほしい、労役民がそうであってほしい、教朋がそうであってほしい。そして、御身たちにたいして、マズダー・アフラよ、われらは、正しきに叶う義者として、そのようにありたい——〔御身たちの〕望み給うものを供えることによって。

七（ヤスナ第四十一章）

1 讃嘆、讃頌、礼讃をアフラ・マズダーと最勝のよき天則とに、われらは帰属させ、そしてわれらは約束し、そしてわれらは帰し奉る。

2 マズダー・アフラよ、御身のよき王国に、われらはいつの日までも到達していたいものです。男子であれ、女子であれ、よき支配者のみが両界においてわれらを支配してほしい。〔世に〕あるものどものうちにて最も恵み深き〔御身〕よ。

3 御身を、〔よきものを〕正しく頒ち給うもの、乳酪を有し給うもの、崇めらるべきもの、天則を従え給うものと、われらは仰ぎます。そのようにして、御身は両界においてわれらの生命にしてまた〔われらの〕身体であってほしい。〔世に〕あるものどものうちにて最も恵み深き〔御身〕よ。

4 われらは値いしそして先着したいのです、マズダー・アフラよ、御身のながい御助力に。

そして、御身によって、能ありかつ力あるものとわれらはなりたい。そして、御身はわれらに助力してください、ながくそして〔われらの〕願っておりますように。〔世に〕あるものどものうちにて最も恵み深き〔御身〕よ。

5 御身の讃嘆者にして預言者であると、アフラ・マズダーよ、われらは名乗ります、そして〔それであることを〕われらは望みますし、また〔そのようなものとして〕われらは祭儀に臨みます

マズダー・アフラよ、もろもろのダエーナーに、
わたくしめへの報償を、御身たちが授け給わんために。

6 このために、かかる御方《おんかた》として御身は、この世界と心霊の〔世界〕とのために、われらにこれ〔報償〕を授けてください――このためにとは、われらがこのこと、すなわち、御身に属しかつ天則に属する教胞[245]にいつの日までも到達してありたいためです。

7 世にあるものたちのうちで、どの男性を崇めれば、そこに最勝のことが
天則に従ってあるかを、マズダー・アフラが知っておわしまし、
またどの女性たちを〔崇めたらそうなるかも知っておわしますからには〕、そのような
男子たちや女子たちを、われらは崇めるものなのです。[246]

われらは、もろもろの善思、もろもろの善語、もろもろの善行にして、ここや他のとこ

ろで現になされ、またすでになされたるものの称讃者であるとともに、またもろもろ
の善事の追求者です。
教え人として望ましいように、そのように〔ザラスシュトラは〕裁き人としても天則に
従って
ウォフ・マナフの教誨者として、世のもろもろの行為《わざ》をマズダーに
そしてまた〔世の〕王国をアフラに〔帰属させるもの〕――そ〔のザラスシュトラ〕を、
かの方々《かたがた》は貧しき人々の牧者と定め給うたのです[247]。
天則は最勝のよきものである。
それはその思いのままにおわします。それは、われらのために、その思いのままに〔お
わします〕。
願わくは天則が最勝のよき天則のために〔おわしますように[248]〕。
8 強き義者たる七章のヤスナ、天則による〔この〕裁き人をわれらは崇める。

八（ヤスナ第四十二章）

1 われらは崇める、七章のヤスナの軀幹たる御身たちを、アムシャ・スプンタたちよ。また、諸水の泉をわれらは崇め、また諸水の浅瀬をわれらは崇める。また道路の岐点を

われらは崇め、また道路の交点をわれらは崇める。
2 また水の流れている山岳をわれらは崇める。また水の器《うつわ》たる湖沼をわれらは崇める。ま
た利生力ある播種地をわれらは崇める。また〔それらの〕庇護者と創造者とをわれら
は崇める、〔すなわち〕マズダーとザラスシュトラとをわれらは崇める。
3 また地と天とをわれらは崇める。また敢為なる、マズダー所造の風《かぜ》をわれらは崇める。
またハラティー山[249]のいただきをわれらは崇める。また大地と一切のよきものをわれら
は崇める。
4 ウォフ・マナフと義者たちの魂とをわれらは崇める。また、五十の門を有するワーシー[250]
をわれらは崇める。また、ウォルカシャ海[251]の中にいる義者たる驢馬をわれらは崇める。

ウォルカシャ海をわれらは崇める。
5 黄なる、たけ高いハオマを、われらは崇める。
強壮にし[252]、庶類を栄えさせるハオマを、われらは崇める。
ドゥーラオシャなるハオマを、われらは崇める。
6 また、水の流れゆく力をわれらは崇める。また、鳥の飛びゆくのをわれらは崇める。ま
た、諸邦にあって天則を求めるものたちのもとへ遠く〔宣教に〕出かけていたアサル
ワン[253]たちの帰来を、われらは崇める。また、すべてのアムシャ・スプンタたちをわれ

らは崇める。

ゾロアストラ教徒の信条告白文
（ヤスナ第十二章）

1 わたしはダエーワどもを呪います。わたしは告白します、マズダーをまつるもの、ザラスシュトラ者、反ダエーワ者、アフラの信順者、アムシャ・スプンタたちの讃嘆者、アムシャ・スプンタたちの神事者であることを。義者にして善きものを有し給うアフラ・マズダーに、すべての善きものを〔帰し奉るべく〕わたしは約束します――義者にして財あり栄光ある〔アフラ〕に、最勝なるものはどんなものをも[254]〔わたしは約束します〕。牛はその方《かた》（アフラ）のもの、天則はその方のもの、もろもろの光明はその方のもの、楽土を光明で遍満《みた》そう[255]〔とのお考え〕はその方のものです。

2 聖なる随心、〔この〕美しきものを、わたしは選取します。それをわたしのものにしたいのです[256]。牛を盗むことや掠めることから、わたしは誓って身をひきます。マズダーをまつる定住者たち[257]への加害や破壊から〔も、わたしは誓って〕そう〔いたします〕。

3 この地上で牛とともに住んでいるもので、それを欲するものどもには、来往の自由と居住の自由をわたしは保証しようと思います。お供えされた物のそばで、アシャへの頂礼をもって、わたしはこのことを誓います「これからは、マズダーをまつる定住者たちにたいし、加害も破壊も、わたしはしでかしはいたしません、身体を惜しんだり生命を惜しんだりして〔そうすることは〕いたしません。」

4 ダエーワら、〔この〕邪悪なるもの、無善のもの、反天則者、邪悪を創造するものどもとの交わりを絶つことを、わたしは宣します——世にあるものどものうち不義第一のもの、世にあるものどものうち悪臭第一のもの、世にあるものどものうち無善第一のものどもとの、です。ダエーワらとわかれダエーワの仲間とわかれ、呪師とわかれ呪師の仲間とわかれ、世にあるものどものうちのだれにでも禍害をおよぼすものどもとわかれ、〔彼らの〕思想とわかれ、ことばとわかれ、行為とわかれ、目[258]とわかれます。不義者にして、いつかは害を加えるであろうものとして、このものとの交わりを絶つことを、ほんとうにわたしは宣します。

5 まことに、このように、アフラ・マズダーはザラスシュトラに教え給うたのです——マズダーとザラスシュトラが談合し給うたすべての談合、すべての会議において。

6 まこと、このように、このように、ザラスシュトラはダエーワらとの交わりを絶つことを宣せられたのです——マズダーとザラスシュトラが談合し給うたすべての談合、すべての会議において。では、マズダーをまつるもの、ザラスシュトラ者たるわたしも、義者ザラスシュトラがダエーワらと〔の交わりを〕絶つことを宣せられたとおりに、彼らとの交わりを絶つことを宣します。

7 水の〔行なった〕選取、草木の選取、恩恵ある牛の選取、牛と義者たる人間[259]とを創造されたアフラ・マズダーの選取、ザラスシュトラのなし給うた選取、カウィ・ウィーシュタースパの選取、フラシャオシュトラとジャーマースパ両所の選取、〔アフラの御所望を〕実現する義者たるサオシュヤントたちいずれもの選取——この選取と約束にならって、わたしはマズダーをまつるものです。

8 マズダーをまつるもの、ザラスシュトラ者としてわたしは告白します、帰教を誓えるものにして帰教を告白せるものであることを。わたしは善思することを誓います、わたしは善語することを誓います、わたしは善行することを誓います。

9 わたしは誓います、マズダーをまつり、〔邪悪な〕つながりを絶ちきり、干戈をおさめさせ、最近親婚に従い[260]、天則とともにある教法《ダエーナー》に帰することを——それは、現在するものや当来するもろもろの〔教法《ダエーナー》の〕なかで、最大にして最勝かつ最美なるもの、それはアフラに発しザラスシュトラのものなのです。アフラ・マズダーに、すべての善きものを〔帰し奉るべく〕わたしは約束します。

これが、マズダーをまつる教法《ダエーナー》への帰入の誓いです。

ゾロアストラ教徒の祈禱句

一（ヤスナ第二十七章より）

13 教え人として望ましいように、そのように〔ザラスシュトラは〕裁き人としても天則に
従って
ウォフ・マナフの教誨者[261]として、世のもろもろの行為《わざ》をマズダーに
そしてまた〔世の〕王国をアフラに〔帰属させるもの〕――そ〔のザラスシュトラ〕を、
かの方々《かたがた》[262]は貧しき人々[263]の牧者と定め給うたのです。[264]
14 天則は最勝のよきものである。

それはその思いのままにおわします。それは、われらのために、その思いのままに〔おわします〕。

願わくは天則が最勝のよき天則のために〔おわしますように[265]〕。
15 アフナ・ワルヤ〔祈禱句[266]〕をわれらは崇める。最勝最美の天則――このアムシャ・スプンタをわれらは崇める。
世にあるものたちのうちで、どの男性を崇めれば、そこに最勝のことが
天則に従ってあるかを、マズダー・アフラが知っておわしまし、
またどの女性たちを〔崇めたらそうなるかも知っておわしますからには〕、そのような男子たちや女子たちを、われらは崇めるものなのです[267]。

二（ヤスナ第五十四章より）

1 求めまほしきアルヤマン[268]は、助けに来てください
ザラスシュトラの男子たちと女子たちのもとへ
ウォフ・マナフの御助力とともに。
望ましい報償に値いするダエーナーのために
わたしは懇願いたします――天則の報応にして求めまほしく

アフラ・マズダーの銘記してましますもの（報応）をば[269]。

大魔の誘惑ほか

（ウィーデーウダート第十九章）

1

北の方処から
北のもろもろの方処から
魔《ダエーワ》中の魔にして多殺の
アンラ・マンユは奔《はし》り来たった。
多殺のアンラ・マンユ、
害意の彼はこうほざいた
「ドゥルジよ、奔っていって殺せよ
義者ザラスシュトラを。」
ドゥルジは彼をとりかこんだ。魔ブーティ[270]も
マルシャワンから出た[271]……追放も[272]〔彼をとりかこんだ〕。

2
ザラスシュトラはアフナ・ワルヤ[273]を詠唱した
「教え人として望ましいように、そのように〔ザラスシュトラは〕裁き人としても天
則に従って
ウォフ・マナフの教誨者として、世のもろもろの行為《わざ》をマズダーに
そしてまた〔世の〕王国をアフラに〔帰属させるもの〕――そ〔のザラスシュトラ〕
を、かの方々《かたがた》は貧しき人々の牧者と定め給うたのです。」
よきダートヤー〔川〕[274]の
よき水を彼はまつった。
マズダーをまつる教法《ダエーナー》に彼は帰依告白した。
ドゥルジは彼に圧倒されて奔り去った。魔ブーティも
マルシャワンから出た……追放も〔奔り去った〕。

3
ドゥルジは彼に返答した
「スクタラ[275]のアンラ・マンユよ。
スピタマ・ザラスシュトラなる
彼を亡《ほろ》ぼす術《て》は、わたしには見あたらぬ。
義者ザラスシュトラは栄光にみちたるものです。」

ザラスシュトラは心に見てとった
「不義・害意の諸魔はわれを
亡ぼすことを談合している」と。

4

ザラスシュトラはたちあがった。
ザラスシュトラはすすんで行った——
アカ・マナフによっても気圧《けお》されず、
〔アカ・マナフによって〕悪意で問われたもろもろの〔謎〕のむずかしさによっても
〔気圧されずに〕[276]——。
もろもろの石——それは室ほどの大きさである——を手にたずさえていたが、
創造主アフラ・マズダーから
義者ザラスシュトラが受けとったもの。〔時にマズダーの仰せには〕
「広くて円く、涯《はて》はるかな
この大地のどこで、それをそなた（ザラスシュトラ）はたずさえているべきか、といえば、
〔そなたの父〕ポルシャスパの家のある、
ドゥルジャー〔川〕[277]のほとりの丘においてである」と。

5 ザラスシュトラはアンラ・マンユに告げた
「害意のアンラ・マンユよ。
わたしは魔造の庶類[278]を打倒しよう。
わたしは魔造のナスを打倒しよう。
わたしはクナンサティーなるパリカー女《おんな》[279]を打倒しよう。
カンス海[280]から
東の方処から
東のもろもろの方処から
勝利者サオシュヤントが生まれ出るために。」
6 邪悪なアンラ・マンユは
彼（ザラスシュトラ）に返答した
「わが庶類を破壊するな。
義者ザラスシュトラよ。
そなたはポルシャスパの子である。
〔そなたの〕母者《ははじゃ》[281]によって、わたしは願い求められたものだ。
〈マズダーをまつる〉よき教法《ダエーナー》を誓絶せよ。

国王ワザガン[282]が
得たと同じように、〔そなたも〕恩典を得んがために。」
7 彼スピターマ・ザラスシュトラは
彼（アンラ・マンユ）に答えた
「わたしはそれを誓絶すまい――
マズダーをまつる、よき教法《ダエーナー》を、だ。
〔わが〕肉体が〔分離すること〕なく、また生命がそうならず、
はたまた意識が分離することなからんために。[283]」
8 邪悪アンラ・マンユは
彼（ザラスシュトラ）に返答した
「だれの呪いのことばをもって、そなたは征服するつもりか。
だれの呪いのことばをもって、そなたは攘《はら》うつもりか。
どんな、巧《たく》みにできた武器をもってか。
われ、アンラ・マンユの庶類を、だ。」
9 彼スピターマ・ザラスシュトラは
彼（アンラ・マンユ）に答えた

「ハオマの臼と杯とハオマと
マズダーの誦出し給うた語が
わが最勝の武器だ。
この語をもって、われは征服しよう。
この語をもって、われは攘おう。
この、巧みにできた武器をもってだ。
おお、害意のアンラ・マンユよ。
〔この語は〕スプンタ・マンユが創造し給うた〔すなわち〕
彼が無限時間[284]のなかに創造し給うたのであり、
正しく支配し給う、恵み深いアムシャ・スプンタたちが創出し給うたのである。」

10
ザラスシュトラはアフナ・ワルヤを詠唱した
「教え人として望ましいように、そのように〔ザラスシュトラは〕裁き人としても天則に従って
ウォフ・マナフの教誨者として、世のもろもろの行為《わざ》をマズダーに
そしてまた〔世の〕王国をアフラに〔帰属させるもの〕——そ〔のザラスシュトラ〕を
かの方々《かたがた》は貧しき人々の牧者と定め給うたのです。」

義者ザラスシュトラはさらに誦出した
「このことを御身にわたくしはお尋ねします、正しくわたくしに語《はな》してください、アフラよ[285]。」

11 ザラスシュトラはアフラ・マズダーに問うた
「最勝のスプンタ・マンユにおわすアフラ・マズダー、
有象世界の創造主にして義者よ。」
ドゥルジャー〔川〕のほとりの丘に〔坐して彼は〕、
善者にして、善きものを有し給うアフラ・マズダーに、
〔またそこに〕坐してアシャ・ワヒシュタ[286]に、
クシャスラ・ワルヤ[287]に、聖アールマティに、〔頂礼しながら、ことばをつづけた〕――。

12 「どのようにして、彼ら（御身の庶類）を、わたくしは解き放つべきでしょうか、
かのドゥルジから
害意のアンラ・マンユから。
どのようにして直接付憑を
どのようにして間接付憑を
どのようにして、もろもろのナスを、わたくしは攘うべきでしょうか、

13

この、マズダーをまつる村から。
どのようにして、義者たる男子を、わたくしは清めるべきでしょうか、
どのようにして、義者たる女子を、わたくしは清めるべきでしょうか。」
そこで、アフラ・マズダーは仰せられた
「呼びおろせよ、そなたザラスシュトラよ、
マズダーをまつる、よき教法《ダエーナー》を。
呼びおろせよ、そなたザラスシュトラよ、
かの[288]アムシャ・スプンタたちを
七洲の大地[289]に。
呼びおろせよ、そなたザラスシュトラよ、
自法に従うスヴァーシャ[290]を、
無限時間を、
すぐれた所業《わざ》を行なうワユ[291]を。
呼べよ、そなたザラスシュトラよ、
勇敢な、マズダー所造の風《かぜ》を、
アフラ・マズダーの聖なる、美しい娘（アールマティ）を。

14
呼びおろせよ、そなたザラスシュトラよ、
われアフラ・マズダーのフラワシを(292)——
そは最も偉大にして最勝
最美にして最も堅固
知恵第一にして美身第一
正信(293)では最も卓絶しているもの。
〔かかるフラワシをもつわれはといえば〕
その魂はこれ聖なる祈呪ぞ。
みずから呼びおろせよ、ザラスシュトラよ、
アフラ・マズダーのこの庶類《もの》（フラワシ）を。

15
わが命令をザラスシュトラは〔こう言って〕実行した
『わたくしは呼びおろします、アフラ・マズダー——
義者にして、庶類の創造者におわすその方《かた》を。
わたくしは呼びおろします、広い牧地をもち、よく武装せるミスラ〔神〕——
武装者のなかで栄光をもつこと第一、
武装者のなかで勝利を博すること第一なるその方《かた》を。

わたくしは呼びおろします、美形の義神スラオシャ(294)——
諸魔の悪頭《されこうべ》にむけて
武器を手にたずさえているその方《かた》を。
16 わたくしは呼びおろします、いとも栄光ある聖なる祈呪を。
わたくしは呼びおろします、自法に従うスヴァーシャを、
無限時間を、
すぐれた所業《わざ》を行なうワユを。
わたくしは呼びおろします、勇敢な、マズダー所造の風を、
アフラ・マズダーの聖なる、美しい娘（アールマティ）を。
わたくしは呼びおろします、マズダーをまつる、よき教法《ダエーナー》を、
ザラスシュトラの除魔の律法を。』」
17 ザラスシュトラはアフラ・マズダーに問うた
「善きものの創造者アフラ・マズダーよ、
いかなる神事をもって、わたくしは崇めるべきでしょうか
いかなる神事をもって、わたくしはまつるべきでしょうか
アフラ・マズダーのこの庶類(295)を。」

18 そこで、アフラ・マズダーは仰せられた
「芽をふいた草木[296]のところへ
そなたはゆけよ、スピターマ・ザラスシュトラよ、
この語を唱えよ
『うるわしの、成長した、力強いものよ。
マズダー所造の義者たる
よき草木に頂礼あれ』
19 人はそれにバルスマン[297]をささげよ
一アエーシャの長さ、一ヤワの幅のもの[298]を——
束《つか》ねられたものをそれに〔ささげては〕ならぬ、
とりまくのは義者なる人々のほうである〔べきである〕——[299]
左手で〔それを〕もちながら
アフラ・マズダーをまつりながら
アムシャ・スプンタたちをまつりながら
金色で、たけ高いハオマと
美しい……[300]とウォフ・マナフと

マズダー所造のよきラーター[301]――

20
義者にとって最勝のものたる〔このかたがた〕――を〔まつりながら〕。」
ザラスシュトラはアフラ・マズダーに問うた
「全知のアフラ・マズダーよ。
御身は睡眠を用いず、大麻を用い給わずして、
アフラ・マズダーに御身はおわします[302]。
魔に打たれた――とは魔が直接付憑するということ――かの身体から
善思者は直接付憑され
善思者は間接付憑されます。
善思者は祓浄されるでしょうか。」

21
そこで、アフラ・マズダーは仰せられた
「ガオマエーザ[303]をそなたは集めよ、ザラスシュトラよ、
規定に従って作られた〔容器〕ビクズラに
雄牛のところで。
アフラ所造の地に
〔それを〕祓浄のために、そなたはもたらせよ。

祓浄さるべきその人は
円形のうねを引けよ。
22 アシャの讃歌を百度、そなたは唱えよ。
その倍だけ、アフナ・ワルヤをそなたは詠唱せよ。
牛から出たガオマエーザで四祓浄を、彼はとり行なえよ。
二〔祓浄〕を、マズダー所造の水で〔彼はとり行なえよ〕。
23 善思者は清められうる。
その人は清められうる。
善思者は〔着衣を〕脱《ぬ》ぐべし、
左の腕でそして右の〔腕〕で、
右の腕でそして左の〔腕〕で。
それから、そなたは、その善思者を当てよ、
強き〔神々〕によって創成された光に――
それは、九夜が彼の上に経過する
までのあいだずっと、
彼を神々によって創造された星辰が照らさんがためである。

24 それから九夜の経過後に、
火にザオスラ(304)を、そなたはささげよ、
堅い薪材を火に、そなたはささげよ、
安息香を火に、そなたはささげよ、
その善思者をそれは薫習《くんじゅう》せよ。
25 善思者は清められうる。
その人は清められうる。
善思者は〔着衣を〕脱《ぬ》ぐべし、
左の腕でそして右の〔腕〕で、
右の腕でそして左の〔腕〕で。
善思者は〔こう〕唱えよ
『アフラ・マズダーに頂礼あれ
アムシャ・スプンタたちに頂礼あれ
その他の義者がたに頂礼あれ』と。」
26 ザラスシュトラはアフラ・マズダーに問うた
「全知のアフラ・マズダーよ。

27

わたくしは義者たる男子をいざない
わたくしは義者たる女子をいざない
わたくしは〔彼らを〕いざなって、ダエーワをまつる不義者ども
〔すなわち〕生《せい》を破壊するものども(305)から、
アフラ所造の大地を防がせましょうか(306)。
流れる水を、穂に出る(307)穀類を、
その他の大切なものを、彼〔ら〕から防がせましょうか(308)。」
そこで、アフラ・マズダーは仰せられた
「そなたは〔そのように〕いざなえよ。義者ザラスシュトラよ。」
〔ザラスシュトラはアフラ・マズダーに問うた〕
「創造主よ、どこでかの記入(309)はなされるのですか。
どこでその記入は対照されるのですか。
どこでその記入は締めくくられるのですか。
どこでその記入は決算されるのですか。
人がこの有象《ゆうしょう》世界において
おのが魂の勘定に預托しておいた〔記入がです〕。」

28
そこで、アフラ・マズダーは仰せられた
「人が死んだのち
人が逝ったのち
不義・害意の諸魔が
まわりに押し寄せてのちに
第三夜が明けて
曙光がのぼり
安楽に充ちた山々に
よく武装せるミスラがやって来、
太陽がのぼる〔ときのこと〕。
29
ウィーザルシャ[310]という魔が、
スピターマ・ザラスシュトラよ、
ダエーワをまつる不義者ども
〔すなわち〕生を破壊するものどもの
魂をしばってつれてゆき、
不義者にも義者にも〔ひとしく定められた〕

ズルワン所造の道にやってくる――
マズダー所造のチンワト橋にである。
〔そして〕有象世界で預託しておいた
預託分の配分を魂魄のために、
人々は願うのである。

30 〔するとそのとき〕からだの美しくて、強く、姿の美しい〔少〕女が
やってくる――若さを匂わせ、胸衣を着し[311]、くさりをつけ[312]、法術をそなえ、善巧を身に
つけて。
〈彼（ウィーザルシャ）は不義者どもの邪悪な魂を
暗黒のなかに引きずりおろす。〉
彼女は義者たちの魂を
ハラー山[313]をこえて
チンワト橋をこえてつれてゆく――
霊界のヤザタたち[314]の岸[315]に。

31 〔すると、それを迎えて〕黄金造りの王座から
ウォフ・マナフはたちあがる。

ウォフ・マナフは〔こう〕呼びかける
『義者よ、まこと、ここにいるからには
〔そなたは〕追放[316]のない世界へ、
追放のある世界から、やって来たわけだ。』
32 〔これを聞いて〕義者たちの魂は満足してすすんで行く――
アフラ・マズダーのもとへ
アムシャ・スプンタたちのもとへ
黄金造りの〔これら諸神の〕王座へ
宝蔵へ〔すなわち〕
アフラ・マズダーの邸
アムシャ・スプンタたちの邸
その他の義者がたの邸へ。
33 祓浄をした義者についていうに、
彼が死んだのちは
不義・害意の諸魔は
あたかも狼におそわれた母羊が

狼をおそれるのと
同じように、〔彼の〕臭いをおそれるのである。
34 義者なる人々が集合すると
ナルヨーサンハ[317]も〔彼らと〕合流する
――マズダー・アフラの使者が
ナルヨーサンハとよばれる――。
みずから呼びおろせよ、ザラスシュトラよ、
アフラ・マズダーのこの庶類《もの》（ナルヨーサンハ）を。
35 わが命令をザラスシュトラは〔こう言って〕実行した
『わたくしは呼びおろします、アフラ・マズダー――
義者にして、庶類の創造者におわすその方《かた》を。
わたくしは呼びおろします、アフラ所造の大地を、
マズダー所造の水を、義者たる草木を。
わたくしは呼びおろします、ウォルカシャ海を。
わたくしは呼びおろします、輝く蓋天を。
わたくしは呼びおろします、自法に従う無始の光明[318]を。

36

わたくしは呼びおろします、義者たちの最勝の世界——
光りかがやき、一切の安楽を与えるそれを。
わたくしは呼びおろします、宝蔵を〔すなわち〕
アフラ・マズダーの邸
アムシャ・スプンタたちの邸
その他の義者がたの邸を。
わたくしは呼びおろします、等混・
自法の境涯[319]に至る、
マズダー所造のチンワト橋を。

37

わたくしは呼びおろします、サオカー[320]を——
そは美しい広目者。
わたくしは呼びおろします、義者たちの強い、
フラワシたちを——そは一切庶類の利生者。
わたくしは呼びおろします、アフラ所造のウルスラグナ[321]を——
そは栄光を帯び、マズダーの所造にかかるもの。
わたくしは呼びおろします、ティシュトルヤ星[322]を——

そは財宝を有し、栄光を有し、
黄金の角《つの》ある牛の体をそなえているもの。

38 わたくしは呼びおろします、聖なるガーサー諸章を——
そは裁き人として支配する、義者。
わたくしは呼びおろします、アフナワティー・ガーサーを。
わたくしは呼びおろします、ウシュタワティー・ガーサーを。
わたくしは呼びおろします、スプンターマンユ・ガーサーを。
わたくしは呼びおろします、ウォフクシャスラー・ガーサーを。
わたくしは呼びおろします、ワヒシュトーイシュティ・ガーサーを。

39 わたくしは呼びおろします、かの〔七〕洲すなわち〔西方洲〕アルザヒーと〔東方洲〕
　サワヒーを。
わたくしは呼びおろします、かの洲
すなわち〔南東洲〕フラダザフシューと〔南西洲〕ウィーダザフシューを。
わたくしは呼びおろします、かの洲
すなわち〔北西洲〕ウォルバルシュティーと〔北東洲〕ウォルジャルシュティーを。
わたくしは呼びおろします、ここなる〔中央の、第七〕洲

40

すなわち光輝あるクワニラサを[323]。
わたくしは呼びおろします、ハエートゥムントを[324]——
そこは物に富み、栄光あるところ。
わたくしは呼びおろします、〈慈眼の〉アシ・ワヌヒー〔女神[325]〕を。
わたくしは呼びおろします、最も正しいチスター〔女神[326]〕を。
わたくしは呼びおろします、アルヤ諸邦の栄光[327]を。
わたくしは呼びおろします、群畜の主・王イマ[328]を。
姿の美しい勝利者、義神スラオシャは
まつられ、満足させられ、愛され、迎えられよ〈義神スラオシャは〉。
火にザオスラを、そなたはささげよ
堅い薪材を火に、そなたはささげよ
安息香を火に、そなたはささげよ
ワージシュタ火[329]を、そなたはまつれよ——
そは魔スプンジャグルヤ[330]を打ち倒すもの。
調理された食物を、そなたはささげよ、
〔そしてまた〕溢れる搊手の〔ザオスラ〕をも。

41
義神スラオシャを、そなたはまつれよ。
義神スラオシャが魔クンダ
〔すなわち〕大麻への反大麻者[331]を打ち倒し
ドゥルジどもの棲家にくだり行き
ダエーワをまつる不義者ども
〔すなわち〕生を破壊する人々の〔棲家にくだり行かんことを〕。
〈身近の邦々のための祓浄者としての職務から
彼は成就すべきことを成就すべきである
――〔すなわち〕彼は農牧をなすべきである――
小家畜の飼糧と大家畜の飼糧のために。〉

42
わたくしは呼びおろします、カラ魚[332]を――
そは深淵の底に水棲するもの。
わたくしは呼びおろします、南方の二ムルズを――
そは二霊の庶類中、自法に従う、第一の戦士[333]
わたくしは呼びおろします、七つの輝く角《つの》[334]を。
それらが…………とならんことを[335]。』」

43
こうほざいたり、ああほざいたり、
こう考えたり、ああ考えたのは
多殺のアンラ・マンユ〔すなわち〕
魔中の魔であるが、〔さらには〕魔インドラ、
魔サルワ、魔ノーンハスヤ、(336)
〔魔〕タルウィとザリチュ、血《ち》塗《まみ》れの棍棒をもつアエーシュマ、
魔アカタシュ、魔造の冬、
マルシャワンから出た追放、喘息にさせる老齢、
魔ブーティ、魔ドゥリヴィ、
魔ダヴィ、魔カスウィーシュ、
魔中、第一の魔たるパティシャ〔らであった〕。

44
かの害意多殺のアンラ・マンユ
魔は、こうほざいた
「不義・害意の魔たる
われらは会合を催そうではないか――
アルズーラのしゃれこうべ(337)において。」

45 奔り来たってほざいたのは
不義・害意の諸魔。
咆えてほざいたのは
不義・害意の諸魔。
邪悪な語をほざいたのは
不義・害意の諸魔。
「ここで[338]われらは会合を催そう――
アルズーラのしゃれこうべにおいて。
46 まことに、かの義者ザラスシュトラは生を
ポルシャスパの家に享《う》けた。
どこで、われらは彼を破滅させることができようか。
彼は諸魔の打倒者。
彼は諸魔の対抗者。彼はドゥルジへの反ドゥルジ者。
〔かくては〕敗北するのはダエーワをまつるものども、
魔造のナス、〔それに〕いつわって吐露されるドゥラオガ[339]。」
47 不義・害意の諸魔は

〔こう〕ほざいて奔った――
忌わしい悪界たる
暗黒界の底へ。

魂の運命

（ハーゾークト・ナスク第二章[340]）

1 ザラスシュトラがアフラ・マズダーに問うた
「最勝のスプンタ・マンユなるアフラ・マズダーよ、
有象世界の創造主、義者よ。
義者が逝世するとき、
どこに、その夜、彼の魂はとどまるのですか。」
2 すると、アフラ・マズダーは仰せられた
「頭の近くに坐しているのだ、
ウシュタワティー・ガーサーを唱え

所望の実現を期しながら。
だれによって所望されたことでも、そのものに所望どおりに、
　御望みのままに支配し給うマズダー＝アフラはお頒ちくださるように。[341]
その〔義者たる逝世者の〕魂は、すべて
この生きているものどもの世界にあるのと
同じ平安を、その夜、願い求めるのである。」
3 「第二夜には、どこに、
彼の魂はとどまるのですか。」
4 すると、アフラ・マズダーは仰せられた
「頭の近くに坐しているのだ、
ウシュタワティー・ガーサーを唱え
所望の実現を期しながら。
　だれによって所望されたことでも、そのものに所望どおりに、
　御望みのままに支配し給うマズダー＝アフラはお頒ちくださるように。
魂は、すべて
この生きているものどもの世界にあるのと

同じ平安を、その夜も願い求めるのである。」
5 「第三夜にも、どこに、
彼の魂はとどまるのですか。」
6 すると、アフラ・マズダーは仰せられた
「頭の近くに坐しているのだ、
ウシュタワティー・ガーサーを唱え
所望の実現を期しながら。
　だれによって所望されたことでも、そのものに所望どおりに、
　御望みのままに支配し給うマズダー＝アフラはお領ちくださるように。
魂は、すべて
この生きているものどもの世界にあるのと
同じ平安を、その夜もまた願い求めるのである。」
7 義者なる人の魂には
第三夜が経過しおえて夜の明けるのが見え、
木々のなかにいて、匂いを
かぎとっているような気がする。

最南の方処から
最南のもろもろの方処から
芳香ある〔風〕が、もっと芳香ある——
他のもろもろの風よりも——
風《かぜ》が、それ（魂）に吹きよせてくるようにおもわれるのである。
8 すると、義者なる〔その〕人の魂は
その風を鼻で呼吸《いき》しているような気がする
「どこから、この風は吹いてくるのか——
かつてわたしが鼻で嗅《か》いだことのある
もっとも芳香ある〔この〕風は——。」〔と言いながら。〕
9 この風のなかを、彼のほうへすすんでくると見えるのは
彼のダエーナーで、少女の
すがたをしてだ——美しい、かがやかしい、
腕の白い、力強い、
姿の美しい、肢体のすらりとした、
たけ高い、乳房の張り出した、

身体のりっぱな、高貴の生れの、
富家の出にかかり、姿では
十五歳の[342]、からだではまるで
最も美しい庶類と同じ美しさを具えた〔少女のすがたをして〕。
10 そこで、彼女に問うて、義者なる
人の魂は〔こう〕言ったのです「若き女《おみな》よ、あなたはだれですか——
かつてわたしが見たことのある
若い女たちのなかで、からだのもっとも美しいあなたは。」
11 すると、彼に、彼のダエーナーは答えた
「わたくしは、まことに、御身のものです、若者よ、
善思者・善語者・善行者・善ダエーナー者[343]〔たる御身〕よ、
〔すなわち〕御身みずからのダエーナーです。」
〔義者曰く〕「わたしに見えているそなたが〔そのように〕
大きいことと、すばらしいことと、
美しいことと、かぐわしいことと、
敵に勝つことと、敵に抗することとのゆえに、

そなたを、だれが、愛好してきたのですか。」

12 〔少女曰く〕「御身がです、わたくしを愛好してくださったのは、若者よ、
善思者・善語者・善行者・善ダエーナー者〔たる御身〕よ——
御身に見えているわたくしが〔このように〕
大きいことと、すばらしいことと、美しいこととのゆえにです。

13 御身は、他のものがサオチャヤとバオスとを
なすのを見たり、
ワラクズラ(344)をなすのや
牧草の根絶をなすのを〔見た〕とき、
そのとき御身は坐してガーサーを
唱え、そしてよき水
とアフラ・マズダーの火を崇め、
近くから、はたまた遠く(345)から来た
義者なる人を満足させたのでした。

14 そのとき、愛らしかったわたくしを、いっそう愛らしく、
美しかった〔わたくし〕を、いっそう美しく、

吉祥だった〔わたくし〕を、いっそう吉祥なものに〔してくださったし〕、顕位に坐していた〔わたくし〕を、いっそう高い顕位につけてくださったのでした

――〔御身の〕この善思によって、この善語によって、この善行によって。

こうして、人々は、以後、わたくしとアフラ・マズダーを崇めることでしょう

――〔それも〕永く崇め、そして〔教えをうけるために〕共に談合することによってです。」

15

義者なる人の魂は
第一歩をすすめて
善思〔天〕においた。
義者なる人の魂は
第二歩をすすめて
善語〔天〕においた。
義者なる人の魂は
第三歩をすすめて
善行〔天〕においた。

義者なる人の魂は
第四歩をすすめて
無始光〔天〕[346] においた。
16 彼に問うて〔こう〕言うのは、さきに
逝世した義者だった
「どのようにして、御身は逝世したのですか、義者よ。
どのようにしてまた御身は、〔かの〕住所《すみか》から去ったのですか、義者よ、
——牛のいる〔住所〕から、そして鳥のいる〔住所〕から、
そして愉しみのある〔住所〕から——、
有象の世界から
心霊の世界へ、
追放[347]のある世界から
追放のない世界へ〔来たのですか〕。
どのようにして、御身に永遠の『所望どおりに』があるようになったのですか。」
17 そこで、アフラ・マズダーは仰せられた
「彼に問うてはならぬぞ。御身の問うている彼は、血なまぐさい、

追放のある、不吉な道に行ってしまって
肉体と意識との分離となったるもの。
18 食物として彼に御身たちはもってこい、
春〔でき〕のバターを――
それは若者にして善思者・善語者・
善行者・善ダエーナー者たるものの
歿後の食物。
それは女《おみな》にして〔悪思より〕善思の方《ほう》が多く・
善語の方が多く・善行の方が多く、
善導し、裁き人の権威に服する
義者たるもののための歿後の食物。」
19 ザラスシュトラはアフラ・マズダーに問うた
「最勝のスプンタ・マンユなるアフラ・マズダーよ、
有象世界の創造主、義者よ。
不義者が死ぬとき、
どこに、その夜、彼の魂はとどまるのですか。」

20 すると、アフラ・マズダーは仰せられた
「義者ザラスシュトラよ、まこと、かしこで〔すなわち〕
しゃれこうべの近くを奔りまわるのだ
『いずれ』ではじまるガーサーのことばを唱えながら。
　いずれの地を牧すべきか、牧するためにどこへわたくしは行くべきでしょうか。(348)
〔その不義者たる死者の〕魂は、すべて
この生きているものどもの世界にあるのと
同じ不幸を、その夜、願い求めるのである。」
21 ＝3
22 ＝20
23 ＝5
24 ＝20
25 不義なる人の魂には
第三夜が経過しおえて、義者
ザラスシュトラよ、夜の明けるのが見え、
氷原のなかにいて、悪臭を

かぎとっているような気がする。
北の方処から
北のもろもろの方処から
悪臭ある〔風〕が、もっと悪臭ある――
他のもろもろの風よりも――
風《かぜ》が、それ〔魂〕に吹きよせてくるようにおもわれるのである。
26 すると、不義者なるその人の魂は
その風を鼻で呼吸《いき》しているような気がする
「どこから、この風は吹いてくるのか――
かつてわたしが鼻で嗅《か》いだことのある
もっとも悪臭ある〔この〕風は――。」〔と言いながら。〕

27―32 (この部分は欠けているが、内容的には9―14および15―一九行と並行するので再構は容易である。しかし訳者はその試みはすてて、中世ペルシア語書『ダータスターン・イ・メーノーク・イ・クラト(Dātastān i Mēnōk i Xrat)』、すなわち『知恵の霊の判決』の第二章一六七―一八三節を訳出しておく。)

(168) すると、〔世の常の〕少女たちには似げもない一少女がやってくる。

(167)不義者の魂はその醜悪な少女に〔こう〕言う(169)「わたしはそなたよりもっと忌わしくまたもっと嫌悪すべき、醜悪な少女を、地上界ではかつて見たこともないが、そのようなそなたはだれですか。」(170)すると、彼女は彼に答えて〔こう〕言う、(171)「わたくしは少女ではなくて、あなたの行為です。悪思者・悪語者・悪行者・悪エダーナー者たる嫌悪すべき〔御身〕よ。(172)というのは、あなたは、神々への神事をとり行なっている人を見たときでも、あなたは坐して魔への神事をとり行ない、(173)諸魔とドゥルジらを崇《あが》めたのです。(174)そして、あなたは、よき人――近くから来たものでも、はたまた遠くから来たものでも――に止宿と接待とをさしのべ施しものをする人を見たときでも、(175)あなたは〔その〕よき人を軽んじ素気《すげ》なくして施しものをせず、門まで閉じたのです。(176)また、あなたは、正しい裁決を行ない、賄賂をとらず、正しい証言を行ない、正当な陳述を行なった人を見たときも、(177)あなたは坐して、虚偽の裁決を行ない、偽証を行ない、不当な陳述を行なったのです。(178)わたくしは、あなたが思惟し言語し行為されたところの、あなたの悪思と悪語と悪行です。(179)というのは、わたくしは称讃に値いしなかったのですが、あなたによって、いっそう称讃に値いしないものにされたからです。(180)また、わたくしは大切にされないものでしたが、あなたによって、いっそう大切にされぬものにされたからです。(181)また、わたくしは微位に坐していたのですが、あなたによって、いっそう微賤なものとされたからです。」

(182) ついで〔不義者は〕第一歩で悪思〔界〕に、第二歩で悪語〔界〕に、そして第三歩で悪行〔界〕に入った。[349]

33 不義者なる人の魂は
第四歩をすすめて
無始暗〔界〕においた。

34 彼に問うて〔こう〕言うのは、さきに死んでいった不義者だった
「どのようにして、御身は死んでいったのですか、不義者よ。
どのようにしてまた御身は、〔かの〕住所《すみか》から去ったのですか、不義者よ、
――牛のいる〔住所〕から、そして鳥のいる〔住所〕から、
そして愉しみのある〔住所〕から――、
有象の世界から
心霊の世界へ、
追放のある世界から
追放のない世界へ〔来たのですか〕。

どのようにして、御身に永遠の『おお』[350]があるようになったのですか。」

35 アンラ・マンユはほざいた
「彼に問うてはならぬぞ。御身の問うている彼は、血なまぐさい、
追放のある、不吉な道に行ってしまって
肉体と意識との分離となったるもの。

36 食物として彼に御身たちはもってこい、
屎尿《しにょう》と屎尿の悪臭あるものを——
それは若者にして悪思者・
悪語者・悪行者・
悪ダエーナー者たるものの死後の食物。
それはジャヒカー女《おんな》[351]にして〔善思より〕悪思の方《ほう》が多く・
悪語の方が多く・悪行の方が多く、
邪導し、裁き人の権威に服さぬ
不義者たるもののための死後の食物。」

37 この義者たる人のフラワシ[352]をわれらは崇める。
彼はその名をアスモークワンワント[353]という。

38

ついで、その他の義者たちの
フラワシをわたしは……崇めよう。[354]
アフラ・マズダーの両耳をわれらは崇める
――聖なる祈呪を耳にとめんために。
アフラ・マズダーの知恵をわれらは崇める
――聖なる祈呪を銘記せんために。
アフラ・マズダーの舌をわれらは崇める
――聖なる祈呪を誦出せんために。
かの山をわれらは崇める
すなわちウシダム、ウシダルナ[355]を
――昼にも夜にも
おごそかに供えられたザオスラ[356]をもって。

ホーム・ヤシュト

一（ヤスナ第九章）

1 ハオマ搾りの時刻のこと、
火を清め
ガーサーを誦していた
ザラスシュトラのもとに、ハオマがやって来た。
彼に〈ザラスシュトラは〉〔こう〕尋ねた「士《し》よ、御身はだれですか――
太陽のごとき〈不死なる〉みずからの生命をもたれ、
わたしが有象の全
世界で最も美しい方《かた》と見奉った方ですが。」
2 すると、わたし（ザラスシュトラ）に、彼は〔こう〕答えた――
義者にしてドゥーラオシャなるハオマがです
「わたしはです、ザラスシュトラよ、
義者にしてドゥーラオシャなるハオマ。
わたしをもって来なさい、スピタマよ。[357]
わたしを搾りなさい、飲むために。

のちにサオシュヤントたちもわたしを讃嘆するように
わたしを、讃嘆のために、讃嘆しなさい。」

3 そこでザラスシュトラは〔こう〕言った「ハオマに頂礼あれ。
人間としてだれが、御身を、ハオマよ、最初に
有象世界のために搾ったのですか。
どんな恩典が、彼のもとに、来たのですか。」

4 すると、わたし（ザラスシュトラ）に、彼は〔こう〕答えた――
義者にしてドゥーラオシャなるハオマがです
「人間としてウィーワフワント[358]がわたしを最初に
有象世界のために搾ったのです。
この報応が彼にゆるされたのです。
この恩典が彼のもとに来たのです。
すなわち、彼に息子が生まれたのです。
それは群畜の主・王イマ[359]で
生を享《う》けたものどものうちで栄光第一のもの、
人間のうちにあって、太陽を眼とするものです。

そのため、彼の治世で、彼はこのようにしたのです——
家畜と人とを衰亡することのないように、
水と草木とを乾枯することのないように、
食物をたべるに尽きることのないように。
5 雄々しいイマの治世には
寒冷もなければ炎暑もなかった、
老衰もなければ死もなかった、
ダエーワのつくった嫉《ねた》みもなかった。
父と子は〈いずれも〉その姿は
十五歳(360)で来往していた、
ウィーワフワントの子イマ・
群畜の主たる彼が支配していた間は。」
6 「人間としてだれが、御身を、ハオマよ、二番めに、
有象世界のために搾ったのですか。
どんな報応が彼にゆるされたのですか。
どんな恩典が、彼のもとに、来たのですか。」

7 すると、わたし（ザラスシュトラ）に、彼は〔こう〕答えた――
義者にしてドゥーラオシャなるハオマがです
「人間としてアースヴヤがわたしを二番めに
有象世界のために搾ったのです。
この報応が彼にゆるされたのです。
この恩典が彼のもとに来たのです。
すなわち、彼に息子が生まれたのです、
勇武の家門の出・スラエータオナ[361]です。
8 その彼はダハーカ竜[362]を討ったが、
これは三口あり、三頭あり、
六眼あり、千術あり、
いとも強く、魔性のドゥルジにして
庶類には邪悪な不義者
――このいとも強きこと第一なるドゥルジは
有象世界にむかって、
アシャの庶類を毀つために、

アンラ・マンユがつくり出したものであった。」

9 「人間としてだれが、御身を、ハオマよ、三番めに、
有象世界のために搾ったのですか。
どんな報応が彼にゆるされたのですか。
どんな恩典が、彼のもとに、来たのですか。」

10 すると、わたしに、彼は〔こう〕答えた——
義者にしてドゥーラオシャなるハオマがです
「人間として〈サーマ家の最強者〉スリタが三番めにわたしを
有象世界のために搾ったのです。
この報応が彼にゆるされたのです。
この恩典が彼のもとに来たのです。
すなわち、彼にふたりの息子が生まれたのです。
ウルワークシャヤとクルサースパ[363]です。
ひとり（前者）は信教の師・律法制定のひと、
これにたいし、ひとり（後者）はすぐれた所行《わざ》を行なう
年若い辮髪者・棍棒の持ち主。

11
その彼（クルサースパ）は有角竜を討ったが、
これは馬を呑み壮士を呑み
槍の高さにまで黄色の
毒がその上にたちのぼっていたもの。
その上でクルサースパは
正午の時刻に
鉄鍋《てつなべ》でたべものを料理した。
すると、そのマルヤ(364)は熱くなって汗をかき、
煮えたぎっていた水をくつがえそうとして、
鉄鍋から前の方におどり出た。
心雄々しいクルサースパも
おどろいて、かたわらにとびのいた。」

12
「人間としてだれが、御身を、ハオマよ、四番めに、
有象世界のために搾ったのですか。
どんな報応が彼にゆるされたのですか。
どんな恩典が、彼のもとに、来たのですか。」

13 すると、わたしに、彼は〔こう〕答えた――
義者にしてドゥーラオシャなるハオマがです
「人間としてポルシャスパがわたしを四番めに
有象世界のために搾ったのです。
この報応が彼にゆるされたのです。
この恩典が彼のもとに来たのです。
すなわち、彼にそなたが生まれたのです、
まことに、御身、ザラスシュトラよ、
ポルシャスパの家の〈出たる御身〉、
反ダエーワ者、アフラの信順者〔たるそなた〕がです。
14 アルヤナ・ワエージャフ(365)に喧伝された
そなたは、ザラスシュトラよ、はじめて
アフナ・ワルヤ(366)を詠唱したのです――
儀礼に則《のっと》れる休止をつけて四回、
最終回（四回目）は一段と高く詠唱して。
15 ザラスシュトラよ、すべてダエーワどもは、

それより以前には、人間の姿をして
この大地の上を突進していたが、
そなたは、彼らを、地底に潜《ひそ》む身としてしまった。
〔かかるものとして〕そなたは最も強きもの、そなたは最も勇敢なるもの、
そなたは最も活気あるもの、そなたは最も迅速なるもの、
そなたはいとも制勝的なる第一人者
となったのです――両霊《マンユ》の庶類のなかで。」
16 そこで、ザラスシュトラは〔こう〕言った
「ハオマに頂礼あれ。ハオマはよきもの、
ハオマはりっぱにつくられ、正《ただ》しくつくられたもの、
よきもの、癒《い》やしの力を賦与され、
美しいからだをもち、すぐれた働きを示し、勝ちを制し、
色は金色、枝はしなやか、
〔それを〕飲むときは最勝のもの、
そして魂にとっては第一の道案内です。
17 ここへ、わたしは呼びおろす――金色のものよ、御身の酔力を

ここへ〔御身の〕力を、ここへ〔御身の〕癒やしの力を、
ここへ〔御身の〕栄えさす力を、ここへ〔御身の〕生育さす力を、
ここへ〔御身の〕渾身の強さを、
ここへ〔御身の〕一切の装飾で飾られた明知を。
ここへこう〔するの〕は、庶類のあいだにあって
わたしが如意に支配しつつ闊歩し
敵意を挫きドゥルジを征服するを得んためであり、
18 ここへこう〔するの〕は、わたしが挫くことを得んためですが、それは
諸天と諸人からも
呪師とパリカー女《おんな》(367)からも
暴君、カウィ王侯、カラパン僧からも
両足のマルヤからも
両足の破義者(368)からも
四足の狼からも、
詭計を弄しつつ進撃し
広い陣形を張る敵軍からもと、

あらゆる仇敵からくる敵意を、です。
19 これを、第一の賜物《たまもの》として、御身に、
ハオマよ、わたしは乞い願う、ドゥーラオシャよ、
光りかがやき、一切の安楽をそなえた
最勝の境涯を、義者たちのために。
これを、第二の賜物として、御身に、
ハオマよ、わたしは乞い願う、ドゥーラオシャよ、
健康を、このからだのために。
これを、第三の賜物として、御身に、
ハオマよ、わたしは乞い願う、ドゥーラオシャよ、
長命を、寿命のために。
20 これを、第四の賜物として、御身に、
ハオマよ、わたしは乞い願う、ドゥーラオシャよ、
すなわち勢力あり力あり満ち足りて
わたしが地上で〔他に〕すぐれ
敵意を挫きドゥルジを征服するということを。

これを、第五の賜物として、御身に、
ハオマよ、わたしは乞い願う、ドゥーラオシャよ、
すなわち勝利者戦勝者として
わたしが地上で〔他に〕すぐれ
敵意を挫きドゥルジを征服するということを。
21 これを、第六の賜物として、御身に、
ハオマよ、わたしは乞い願う、ドゥーラオシャよ、
盗人に先んじ盗賊に先んじ
狼に先んじて、われらの方が気づきたい。
だれも、われらに先んじて、気づくことのないように。
すべてのものに先んじて、われらの方《ほう》が気づきたい。
22 ハオマは、かの勇士たち、すなわち
戦いに馬を駆りゆくものたちに
力と戦力を授ける。
ハオマは子を生む女たちに、
王者の如き息子を生むことをゆるし

また義者を生むことを〔ゆるす〕。
ハオマは、かの……(369)にして
聖典の勉学にいそしむものどもにも、
神力《じんりき》(370)と明知を授ける。
23 ハオマは、かのおとめたち、すなわち、
ながいあいだ未婚であった彼女たちにも、
誠実な夫と庇護者を授ける。——
知恵すぐれたる〔ハオマ〕は乞い願われるときは、ただちにです(371)。
24 ハオマはかのクルサーニ(372)を
権勢の座から引きおろしたが、
その彼は権勢欲をもって喘ぎ
その彼は〔こう〕ほざいていた「わが〔邦〕ではまかりならぬぞ、
——遠く〔去れ〕、アースラワン(373)よ——宣教が
〔マズダーをまつるよき教法《ダエーナー》の〕栄えのために〔わが〕邦で〔流〕行することは。
彼は〔わが〕栄えのすべてを征服するであろう、
〔わが〕栄えのすべてを打ち倒すであろう」と。

25
御身の御意のままにあれかし――その御身は、みずからの力をもって、
思いのままに支配する方《かた》にまします、ハオマよ。
御身の御意のままにあれかし――御身はわかってくださるのです、
正しく語られた多くのことばを。
御身の御意のままにあれかし――御身は、正しく語られたことばなら、
解明しようとして自問されることはないのです。

26
アフラ・マズダーが御身（ハオマ）のもとへ持ってこられたのは
最初の輪綬[374]――
星で飾られ天上でつくられたもので、〔これすなわち〕
マズダーをまつる、よき教法《ダエーナー》のこと。
御身（ハオマ）は、それゆえ、それを纏《まと》うておわすのです、
山々のいただきにおいて。

27
御身はかたく持っておわすのです、馬[375]と〈祈呪の〉鞭を。
ハオマよ、家長よ、村長よ、
郷長よ、国主よ[376]、
神力《じんりき》[377]によって明識の主たる〔ハオマ〕よ。

わたしは呼びよせる、わたし自身の
力のために、そして勝利のために、御身を、
そしてまた、〔わたしに〕多くのものを頒与してくれるものへの庇護のためにも〔、御
身を〕。

28
われらから、仇敵どもの敵意をとり、
怒れるものどもの〔怒りの〕心をとり去ってください。
だれであれ、この家にあって、
この村にあって、この郷にあって、
だれであれ、この国にあって
罪業を犯した人がいたら、
そのものの両足から力を御身は奪ってください、
そのものの両耳を御身は塞《ふさ》いでください、

29
そのものの心を御身は滅裂にしてください。
「〔罪業者《つみびと》よ〕、なんじは脚でなにごともなすなかれ、
なんじは手でなにごとも能くするなかれ。[378]」
眼で大地を見てはならぬぞ、

眼で牛を見てはならぬぞ[379]——
われらの心を犯すものはだ、
われらの身を犯すものはだ。
30 おそろしくて毒を吐く
黄色の蛇のからだ
にむかって、危機せまる義者のために、
金色のハオマよ、武器をふるってください。
血に飢え、忿《いか》りたち、
増長した盗賊のからだ
にむかって、危機せまる義者のために、
金色のハオマよ、武器をふるってください。
31 不敵にも頭をもちあげる
不義なる人のからだ
にむかって、危機せまる義者のために、
金色のハオマよ、武器をふるってください。
この 教法《ダエーナー》〈の語〉を銘記はしても

行為では守ることをしない
破義者〈義者ならざるもの〉・生の破壊者のからだ
にむかって、危機せまる義者のために、
金色のハオマよ、武器をふるってください。
32 淫楽を誘い、ほとをさし出し、
その心の浮動することは
風に動く雲のような、
巫女ジャヒカー女《おんな》(380)のからだ
にむかって、危機せまる義者のために、
金色のハオマよ、武器をふるってください。

ニ（ヤスナ第十章）

1 遠くへここを去ってゆけよ
諸魔も去ってだ、そして諸魔女も去ってだ。
よきスラオシャ(381)は〔ここに〕とどまってください
よきアシはここに止住してください――

この家にです、これはアフラに属し、
アシャを栄えさせるハオマに属するもの。
2 〔ハオマよ〕御身の搾具の首器《しゅき》(382)を、
知恵すぐれたる〔ハオマ〕よ、わたしは〔祈りの〕ことばをもって讃嘆します――
それは〔ハオマの〕枝を入れるものです。
〔ハオマよ〕御身の搾具の上器(383)を、
知恵すぐれたる〔ハオマ〕よ、わたしは〔祈りの〕ことばをもって讃嘆します――
そこは、わたしが、壮士の力で、おさえつけるところです。
3 わたしは雲と雨とを讃嘆します――
それは、御身のからだを育ててくれたのです、
山々の高嶺において。
わたしは高い山々を讃嘆します、
そこで、ハオマよ、御身は大きくなったものでした。
4 わたしは広い広大な大地を讃嘆します――
育成力はたくましく、業《わざ》は巧みにして、
義者ハオマよ、御身を負荷してくれる〔大地〕を。

わたしは地の樹園を讃美します、そこは
マズダーの美しい、萌え出るものとして
御身が芳香に充ち、勇士として育っているところです。
ハオマよ、成長しておくれ、山において、
そして繁茂しておくれ、いたるところで。
ほんとうに御身はアシャの源泉です。

5 増殖しておくれ、わたしの〔祈りの〕ことばによって——
〔御身の〕すべての根において
〔御身の〕すべての枝において
〔御身の〕すべての茎において。

6 ハオマは讃嘆されると成長する。
そのように、それを讃嘆する壮士も
〔敵に〕まさる勝利者となる。
きわめてわずかであってもハオマを搾ることは、
きわめてわずかであってもハオマを讃嘆することは、
きわめてわずかであってもハオマを飲用することは

ダエーワどもを千人殺すことになるのです。
7 病いを癒やすハオマの
目にあらわな保健力と癒やしを
そこに人がもち込んだり
そこで人が讃美したりする
〈――彼の村と住居とのために――〉
そういう家からは、穢れは、
出来ても同時に、消え失せてゆく。
8 なんとなれば、すべて他の酒は
血《ち》塗《まみ》れの棍棒をもつアエーシュマを同伴する
が、ハオマのこの酒は
悦びを与えるアシャを同伴するからです。
ハオマの酒は爽快にしてくれる。
〔おのが〕おさない息子を〔ほめる〕ように、
人にしてハオマをほめるなら
彼の五体に、

ハオマは、癒やしのために、入ってくるでしょう。
9 それを用いて御身が癒やし手となっておわす
もろもろの癒やしを、ハオマよ、わたしに授けてください。
それを用いて御身が敵の挫き手となっておわす
もろもろの倒敵の術《て》を、ハオマよ、わたしに授けてください。
わたしは、御身の盟友・讃嘆者として、祭儀に臨もう。
〔御身を、〕最勝のよきアシャと同じく
他にすぐれた盟友・讃嘆者であると、
創造主アフラ・マズダーは仰せになっているのです。
10 創造主によって創造されたる勇士として御身を
工巧《たくみ》の神は形づくり給うた。
創造主によって創造されたる勇士として御身を
工巧《たくみ》の神はおき給うた、
高いハラティー(384)に。
11 ついで御身を、そこから、聖なる怜悧な
鳥たちが、いろいろな方角に、はこび去った——

鷲を凌ぐ山々(385)のほうへ、
星で飾られた峯々のほうへ
…………(386)のほうへ、
…………(387)のほうへ、
白くかがやく山々のほうへ。
12 それからこのかた、これらの山々で
汁液に富む、金色の御身ハオマは
多くの種類となって生育している。
ウォフ・マナフの歓喜で
御身の癒やしは充ちている。
されば、このわが呪い手の
たくらみを追い払ってください、
されば、わたしに呪いをかけている
彼の、たくらみにつぐたくらみを打ち〔ひしいでください〕。
13 ハオマに頂礼あれ。なんとなれば、それはこうしてくれるからです――
もっとも富めるものの〔心〕とさえも

同じくらいに、貧者の心を、大きく〔してくれるから〕です。
ハオマに頂礼あれ。なんとなれば、それはこうしてくれるからです――
彼（ハオマ）にしてその所願が充されることになれば、
同じくらいに、貧者の心を、大きく〔してくれるから〕です。
黄なるハオマよ、まことに、人にして御身を
牛乳とまぜて摂取すれば、
御身は〔彼を〕壮士に富むものとなし、
神力《じんりき》にすぐれ天眼にすぐれたものとなすのである。
14 〔ハオマを〕のんでも、牛や幡《はた》(388)のように、
わたしが勝手に、蹣跚《まんさん》することのないように。
先頭切って御身の酔力は進んでゆけよ、
活動力たくましくはいり来たれ。
義者にしてアシャを栄えさせるハオマよ、御身に、
わたしは、美しい姿とわたしに見える
このからだを、ささげるものです。
15 強力な霊見を欠くマルヤ

女《おんな》(389)の無用(390)さを、わたしは追放します。
アースラワンとハオマとを
迷わそうと意図するもの、
みずからが迷わされて没落するもの、
ハオマのための供物であるものを
食べつくそうとかまえているもの――
そういうものたる彼女を〔ハオマは〕アースラワンの母とせず
よき子の母ともしないのです。
16 わたしは五者に属するもわたしは五者に属しない。〔すなわち〕わたしは善思に属する
もわたしは悪思には属しない。わたしは善語に属するもわたしは悪語には属しない。
わたしは善行に属するもわたしは悪行には属しない。わたしは慴服に属するも不服従
には属しない。わたしは義者に属するも不義者には属しない――
そして、しかも、このことは終末に
二霊のあいだに決勝の行なわれるときまで〔そうなのです〕。
17 ときに、ザラスシュトラは〔こう〕言った
「マズダー所造のハオマに頂礼あれ。

18

マズダー所造のハオマはよきもの。ハオマに頂礼あれ。
すべてのハオマをわたしは讃嘆します――〔それが〕
山々の高嶺にあろうとも、
河川の渓谷にあろうとも、
酒壺の(391)牢《ひとや》の
狭いなかにとらわれてあろうとも。
銀製の器《うつわ》から
金製の〔器〕に、わたしは流れゆかそう。
かくも富に充ちて尊い
御身が地上にこぼれることのないように。」
これらは、ハオマよ、御身への詩頌《ガーサー》。
これらは〔御身への〕讃嘆です。
これらは〔御身への〕願文です。
これらは正しくとなえられた
〔祈りの〕ことばで、恩典をもたらし、勝利を博し、
敵に抗し、病いをいやすものです。

19
これらのものが、そして御身が、わたしのために。(392)
先頭切って御身の酔力は進んでゆけよ、
光りかがやきながら御身の酔力は進んでゆけよ
いとも軽《かろ》やかに〔御身の〕酔力はゆく。
勝利者(393)はよきもの(394)（ハオマ）を讃美するに
このガーサーの語をもってする。

20
牛のために頂礼あれ、牛のために頂礼あれ、
牛のために祝禱の語あれ、牛のために防衛あれ、
牛のためにまぐさあれ、牛のために牧地あれ。
御身は牛のために牧養してください、御身はそれを、われらの食用となるように牧畜し
てください。(395)

21
黄なる、たけ高いハオマを、われらは崇める。
強壮にし(396)、庶類を栄えさせるハオマを、われらは崇める。
ドゥーラオシャなるハオマを、われらは崇める。
すべてのハオマをわれらは崇める。
ザラスシュトラ・スピターマ——

いざ、義者〔におわすこの方《かた》〕の報応と、
フラワシとを、われらは崇める。

世にあるものたちのうちで、どの男性を崇めれば、そこに最勝のことが
天則に従ってあるかを、マズダー・アフラが知っておわしまし、
またどの女性たちを〔崇めたらそうなるかも知っておわしますからには〕、そのような
男子たちや女子たちを、われらは崇めるものなのです。

三（ヤスナ第十一章[397]）

1 真に義者たる三者
牛と馬とハオマとが
呪《のろ》って言った。
牛がザオタルに言うには
「御身は子なしにもなれ
悪名を負うものにも〔なれ〕、
その御身は〔わたしが〕調理されても、そのわたしを頒《わ》け〔てたべ〕ることをしないの
です。

それどころか、御身がわたしを飼育するのは
妻のためか、子のためか、
自分自身の腹《はら》のためかです。」

2 馬が騎者に言うには
「御身は馬を駕することのできぬようになれ
馬に乗ることのできぬように
馬を御することのできぬように〔なれ〕、
その御身はわたしのために力を願うてはくれぬのです――
おおぜいが集まる会議において
おおぜいの壮士がくる走路において。[398]」

3 ハオマが〔供物の〕摂取者に言うには
「御身は子なしにもなれ
悪名を負うものにも〔なれ〕、
その御身は〔わたしが〕漉《こ》されても、そのわたしを〔手許に〕とどめてしまい、
さながら、断頭さるべき盗人〔を取りおさえるか〕のようだ。
義者でドゥーラオシャ的ハオマたる

わたしは、断頭さるべきものでは断じてない。
4 われハオマに、供物として、父なる
義者アフラ・マズダーは
ゆるされたものだ――双の頬を
舌つきで、それに左の眼をも。
5 人あって、この供物を、わたしから奪ったり、あるいは
盗んだり、あるいは持ち去ったりせんに
――すなわち、義者アフラ・マズダーが
わたしにくだされたものたる双の頬を
舌つきで、それに左の眼をです――、
6 彼の家には生まれることがないだろう、
アースラワンも戦士も〔生まれ〕ず
牛飼をする農牧者も〔生まれ〕ぬであろう。
それどころか、彼の家には生まれてくるだろう――
ダハカの徒とムーラカの徒と
多種のワルシュナの徒とが。(399)

7 即刻、御身は、牛肉をきって供えよ、
最も勇敢なるハオマに、供物として。
この大地のなかの中央第三層にて
鉄で身をかこんでいた
トゥラン人フランラスヤン[400]なる
マルヤ[401]を〔ハオマが〕捕縛したように、
御身をハオマが捕縛することのないために。」

8 ときに、ザラスシュトラは〔こう〕言った
「マズダー所造のハオマに頂礼あれ。
マズダー所造のハオマはよきもの。ハオマに頂礼あれ。

9 ……………………[402]

10 義者にしてアシャを栄えさせるハオマよ、御身に、
わたしは、美しい姿とわたしに見える
このからだを、ささげるものです。
活気ある[403]〔御身〕ハオマに〔わたしはこれをささげます〕、酔いと
至福と正信を獲得するために。

わたしに御身はさずけてください、
義者にしてドゥーラオシャなるハオマよ、
光りかがやき、一切の安楽をそなえた、
義者たちの最勝の境涯を。

11 天則は最勝のよきものである。
それはその思いのままにおわします。それは、われらのために、その思いのままに〔お
わします〕。
願わくは天則が最勝のよき天則のために〔おわしますように〕。

12 天則は最勝のよきものである。
それはその思いのままにおわします。それは、われらのために、その思いのままに〔お
わします〕。
願わくは天則が最勝のよき天則のために〔おわしますように〕。

教え人として望ましいように、そのように〔ザラスシュトラは〕裁き人としても天則に
従って
ウォフ・マナフの教誨者として、世のもろもろの行為《わざ》をマズダーに
そしてまた〔世の〕王国をアフラに〔帰属させるもの〕――そ〔のザラスシュトラ〕を、

かの方々《かたがた》は貧しき人々の牧者と定め給うたのです。
御身は、アフラ・マズダーよ、御意のままにかつ御所望のままに
御自身のもろもろの庶類を支配してください。
御意のままに水を、御意のままに草木を、
御意のままに、アシャより出でた一切のよきものを。
義者を支配者としてください
不義者を支配せざるものとして〔ください〕。

13 義者は思いのままに支配するものとなってほしい。
不義者は思いのままに支配しえざるものとなってほしい、
スプンタ・マンユ[404]の庶類から
離れたもの、圧迫されたもの、追われたもの〔となり〕
捕われの身、思いのままに支配しえざるもの〔となってほしい〕。

註

(1) この御助けを(ahyā … rafəδrahyā)――は部分属格。
(2) アフラ・マズダーおよびその他の陪神たち(二二八―二二三ページ)。
(3) 敬意を表するジェスチャー。
(4) ウォフ・マナフの意思と牛の魂――両者の密接な関係を示す。次章への伏線もみられる。
(5) つつむ、とりまく(pairi-gam-)――恭敬の念をもって対象のまわりを廻歩することであるが、語原の意味をとって本稿では特にこの訳語を用いた。註(83)参照。
(6) 始めなき(apaourvīm)――アフラ・マズダーがこのように言われても、三一・八の「始元《はじめ》」と矛盾しない。註(45)参照。
(7) ウォフ・マナフとアフラ・マズダーと王国の三座をさす。
(8) 神の宝座。Vīd. 一九・三二参照。
(9) この高諾(sərəoša-)とは最勝界に入ることを、彼が聴許すること。註(103)参照。なお、二八・五の「アフラ＝マズダーの」は原文では与格となっているが、この与格は所有所属を示すもので、「アフラ＝マズダーへの」慴服ではない。
(10) この最終行を信徒の唱和とみる人もあるが、ゾロアストラが信徒をも含めて一人称複数を使ったものと解した。
(11) この最終行は信徒の唱和とみられる。原文中 dvaēšā は削除した。

(12) 聞信《もんしん》を博するようになる（srəvīm ārādā̊）――もろもろの恩恵を授けられたら、人々がそれをみて、ゾロアストラの所説の誤っていないことを認め、いっそう耳を傾けてくれる、ということ。

(13) 二八・七にも「強健さを云々」とある。

(14) ここのアシャを徳目（信者の）と解した（二一九―二二〇ページ）。

(15) 聖歌（sravah-）――パフラヴィー語 srūt「歌」をも参照してこの訳を試みた。一七八ページ註(63)参照。

(16) 神々と信者との間の do ut des、いわゆる give and take を示す。

(17) 二二二ページ参照。

(18) 本章は霊界の法廷が舞台となっている。第一頌に牛の魂が出ることでもわかる。その法廷に地上の牧者をも陪席させる。章中、対話の話者をだれと見るかについては、意見がはなはだしくわかれている。

(19) 註(18)で触れた「地上の牧者たち」をさしているのであろう。

(20) ヤスナ第二十九章では、暴虐（hazah-）、残虐（rəma-）以下のものも、多少とも擬人化されているが、残虐はガーサーではこの傾向が強い。

(21) 牧養がよきものとみえるように――とは、牛の飼養が狂的な屠牛供犠のためでないように、ということ。

(22) 牛の造成者（gə̄uš tašan-）――スプンタ・マンユである可能性がつよい。四七・三参照（四四・六に反して）。

(23)(24) アシャが御身とよばれているが、法廷に陪席してアシャに協力する複数の裁き人が御身たちとよばれている。

(25) 助けをさしのべて（kərədušā）――推定訳。

(26) 企てを（saxᵛārə̄）――語義不詳。従って、この語が、人・天によってなされる行為を示して、その先行詞となるかも不明。

(27) 註(17)参照。

(28) 牛魂がその配偶者を同伴して登場するのである。

(29) 註(3)参照。

(30) 秘義を(vafŭš)——語義不詳。

(31) hvō.urušaēibyō を huhūrəšaēibyō と読んだもの。

(32) この部分、原文に at̰ mā mašā とあるが不明。前後の文脈からすれば、「いざ、わたくしを、ただちに」あたりではないかと思われるが、「ただちに」は mošū で mašā とは異なる。

(33) われらのもとへ降臨を(nā̊ avarə̄)——nā̊ が複数対格であるのによって、この訳をとった。

(34) ヤスナ二九・一一につづく、ゾロアストラの語とみられる。特別な場合のほかは「　」をつけない。

(35) ゾロアストラはウルシとして過去をも観見する能力をもつ。睡眠云々については、一九六ページ註(302)参照。

(36) 三〇・四中、gaya- と ajyāti- は「生」と「死」を意味するのでなく、「不義者の生存」と「義者の生存不能」を示す。これにたいし、終末には、逆に、不義者には最悪の、義者には最勝の「第二の世界」が展開するというのである。「最勝なるウォフ・マナフ」とは、これによって天国に迎接されること。三〇・八、四四・八参照。

(37) ゾロアストラ教的にはアンラ・マンユの侵襲を防ぐことになるが、天が石で出来ている思想はインド・イラン的なもの。

(38) 調息(ąnman-)——単なる息《いき》や活《いき》でない。調息すれば火もまた冷しで、耐える力の原動力となる(三〇・七)。これを獲得せんがために叫声を発するなどして、無益に終るものもあれば(四四・一〇)、調息してよく天声を聞きうるものもある（四五・一〇）。

(39) 選別（ādāna-）――語根は dā-（Ved. dáyate）で、直訳すれば「格付けすること」。複数形は善悪の二つにわかたれることを示すもの。「配分」の訳語も可能。

(40) 勝ち抜かせる（frašə̄m kərənaon）――先頭切って先着させる、ということ。スポーツ用語とみたい。二二七参照。勝ち抜くとは、善悪闘争の世界に、善者として勝ち抜き、賞に与《あずか》ること。

(41) アフラ・マズダーをめぐる陪神たちの総称。

(42) わたくしの方に来到するように駆ることによって――原文 ā.mōyastrā baranā を ā.mōi yastrā baranā の縮約とみたもの。yastrā の語根は yat-「着座する、到着する」。baranā の語根 bar- は馬を駆る意味でも用いられる。

(43) 三〇・一一に出るものをうける。「定め」については二二八ページ参照。

(44) 義者には恩賚、不義者には長苦があるという、この定めを体した実践的裁き人としてのゾロアストラが、自身を表白している。

(45) 註（6）参照。

(46) 養世者（fšə̄nghya-）――fšu-anhu-ya- で、「世（anhu-）を養う（fšu-）もの」の意。明らかに「牧畜する（fšuyant-）」とも語呂合せがある。四九・九ではジャーマースパをさしている。

(47) もがいても（davąsčinā）――davąs- の語義不確実。

(48) しばしば出てくる表現。論争のためにするのでなく、問答形式を通して教えをうけるのである。三一・一二においてアールマティ女神がこのようなことを行なうとは、義者が自分の随心、随従心をもってスプンタ・マンユに教えを仰ぐ、ということである。

(49) 罪を赦されることを前提とするのでなく、受くべき正当な罰をうけることをさす。

(50) Vīd. 一九・二七および二二三ページ参照。債権とは貸方である。ゾロアストラには決算時期はわからなかったらしい。

(51) 三一・一五、三一・一六で述べられた二つの対極的事態。

(52) 信徒にたいする呼びかけ。

(53) ダエーワらのこの願いについては、三二・一三にも類似のことがみえる。

(54) この答えは三二・一の三者(自由民、労役民、アリヤびと)にたいしたもので、ダエーワらには答えられていない。三者については別に論じたい。

(55) 中央にあったクワニラサ洲のことで、われらの住んでいるところ。詳しくは Vīd. 一九・三九参照。

(56) 安穏 (hujyāti-) と不死――完璧と不死のことで来世の果報。「安穏」すなわち「安楽な生活」は四六・八にもみえる。

(57) 三二・六、三二・七は終末裁判のこと。

(58) アカ・マナフとみる人もある。

(59) 未済の分 (irixta-) ――返済未了の分。悪行の方が多くて善行によって皆済となっていない分。註(177)参照。

(60) ウィーワフワント (Vīvahvant) の子イマ (Yima) ――ヴェーダの Vivasvant の子 Yama。ヤスナ九・四をも参照。

(61) バガを (bagā) ―― banha-「大麻」の異形とみた。麻薬をエクスタシーに入るための手段として用いることを、ゾロアストラは拒否しなかったと考える。Vīd. 一九・四一と註(331)参照。一般にはバガを片(牛肉の)とみて、これを人間にくわせた罪をイマは問責されたとするが、訳者はとらない。

(62) 牛と太陽を……と称するもの――暗所で牛を屠ってミスラ神をまつるミスラ教徒のこととされている。

五〇・二と註（184）参照。

(63) 音節数からみると sravayah- は sravah-（註15）とあるべきだが、テキストのあり方に従ってダエーワ語とみなし「卑歌」と訳した。アフラ対ダエーワに因んで、語彙にも前者にたいして用いるものと、後者にたいして用いるもの、つまり、アフラ語とダエーワ語の別が部分的に存在する。これまでにも出たが一々註せず、訳語にのみ別を示したにとどめたものもある。

(64) 註（53）参照。

(65) 難解。最終行については二三七ページ参照。

(66) 完璧・不死のこと（三二〇ページ）。

(67) 幸い（uš́auru-）――uš́. uru-「非常に広い」の中性名詞と考えた。uš́ ＜ aš́ ＜ IE m̥ǵh-s（IE maǵh. s ＞ maš́）「大いに」と uru-「広い」との合成詞。「狭い」が「困窮」に通じるのに準じて、「広い」は「幸福」に通じうる。

(68) 防いでやる（syas）――は syąs で、sā-：（現在幹）sya-「防ぐ」の現在分詞。

(69) いわゆる善悪等混なる人々のゆく他界たる「等混界」をこれと関係させるは不可。二二二ページおよび註（162）参照。ただし、等混界成立の素材とはなりうる。

(70) 最勝界のこと。

(71) 嘲笑の対象とされるものを「宣告（アフラの）」としたのは四三・一四によったもの。

(72) 助言者（mantu-）――不確実。

(73) 長い生命（darəgō. jyāti-）――短命に対するものでなく、地上の存在に対するもの。

(74) 〔馬を〕解くとき（avanhānē）――旅の終りか兵車競走の終りに托して、人生の終焉を言う。

(75) 註（9）参照。

(76) 註(66)参照。

(77) 註(48)参照。

(78) この最終行は、供物にめでての神々の来臨を乞うのである。二九・一一最終行参照。

(79) かの双者が……むすびついてくれるために——sarəidyayā̊ を *sarəidyāi ayā̊ ＞ sarəidyāyayā̊ ＞ sarəidyayā̊ と解したもの(連声と同音省略)。双者すなわちハルワタートとアムルタート(共に擬人化さる。三三・八参照)が最勝界と結びつくということは、そこで完璧・不死が必得されるということ。

(80) 佑助(hākurəna-)——語義不詳。

(81) 神が義者の善によって成長し、次頌ではその福が、こんどは逆に、人間に「開示」される(二三〇ページ)。「開示」(ādā-)については二二一ページ参照。

(82) 愉悦(fsəratu-)——語義不詳。

(83) つつむときに(pairigaēθē)——pairi-gam-「つつむ」(註5)の派生詞。

(84) ミヤズダ(myazda-)——「供物」であるが、ザオスラ(zaoθra-)が「灌奠」として流体の供物であるのにたいし、固体の供物をさす。ザオスラはヤスナ六八・一によると、ハオマ、牛乳および Haδānaēpatā 草から成るとのことである。

(85) 成熟する(θraoštā̊)——二三〇ページ参照。

(86) 貧しきもの(drəgu-)——信者をさす。

(87) 仇なすもの(xrafstra-)——三四・五においてこの語を「諸人」の方にのみ関連させ、ここを「諸魔《デーワ》と仇なす人間とによって」とするのはとらない。

(88) 遺教(sānghu-)——語義不詳。次の raēxənā̊「相続分」に因んで「遺」教と訳したまで。sānghu- が raēxənā̊ の形容詞であることも可能。

(89) 追放（iθyejah-）——（神が）見棄てること。ザンドでは「危険」と解され擬人化もされているが、本稿では「追放」で一貫した。
(90) 頒与者（dāmi-）——この訳は四七・六によったもの。
(91) 嘱望される（vōyaθra-）——不確実。
(92) 調律（rāzan-）——この訳語は五〇・六にもとづく。同じ語根 raz-「ただす、規制する」から出ても rašnā は「合致して」註（139）参照。
(93) 頒与者（daθra-）——本来は「頒ち与える道具」。
(94) この可見世界に生を享けている身に、ということ。
(95) 慈眼（hučisti-）——čisti「天眼」（一三三ページ）にとらわれて、これを「すぐれた天眼」などと訳すは不可。これは中世ペルシア語 hučašmīh「よい眼、慈眼」と同じで、dušcašmīh「悪い眼、邪眼」の反対。hučisti- のかわりに čisti- vaŋuhī-（四八・五）ともいい、四八・一一ではウォフ・マナフのウォフがあるため、単に čisti- とのみいわれている（註235をもみよ）。「悪い眼」については註（258）、註（379）参照。古来、「悪い眼」は不吉不祥の因として忌避されている。
(96) 註（15）参照。
(97) 報応としての財宝（rāyō ašīš）——現世のものをさしている。
(98) x^vāθrōyā を x^vāθrōi ā の連声とみた。「最勝界にある」の謂。
(99) これによって——yā̊ でなく yā とよむ（第四行の首語）。
(100) 火に耐える力であろう。
(101) 身内《みうち》のもののなかに（tanuši-）——「一族のあいだに」の謂か。語形は tanu-us- の単数於格か。しかし語構成の説明は不能。

(102) この最終行は終末裁判のこと。

(103) 註(9)の「高諾」と同じものであるが、アシと同じく擬人化されているだけのこと。スラオシャ――アシをアルヤマン――バガ(註268)のイラン的対応と見るのは背景にまで迫る場合のことで、ゾロアストラにとっては、かかる背景とは切りはなして、彼独自の受容のしかたがなされている。

(104) 黙思(tušnā mati)――tušna-「空しい」から考えて、アールマティやスラオシャに比当できそうだが、語義もあまり明らかでないのは遺憾。mati-の語からはアールマティの方が近似的ではあるが……。

(105) この行は、現世に人が天則に従って活動するように、との希望を述べたもの。「天則が象をそなえ」(astvaṯ ašəm) とは、ゾロアストラ教にとく第三サオシュヤントの本名「アストワス・ウルタ Astvaṯ ərəta-」「象をそなえた天則」と同じであることも興味深い。

(106) 光明土、最勝界のこと(二二一ページ)。

(107) 註(80)参照。

(108) 憧憬されるべき物(kāθē)――kā-「欲求する」を語根とみたが不確実。kāθē(四七・四)はその不定詞。

(109) 註(59)参照。

(110) この第三行については三四・一〇、四七・六参照。

(111) 他界的。

(112) 二一五ページ参照。

(113) 赴く(vašyetē)――ヴェーダ語 vañc-。

(114) 前者(hvō)――義者のほうをさし、「後者(ayəm)」とは「不義者として御身の恩賚に逆らうものの方」をさす。

(115) čyanghat̰ は či-「いずれ」の比較級と aŋhat̰「であろう」との縮約であろうか、疑問の余地をのこす。
(116) 四四・一三——四四・一五は終末の闘争と裁判に関するもの。
(117) 窮境 (dvafša-) ——やや不確実。五三・八では擬人化されている。
(118) アフラ・マズダーが勝利を授ける方の軍勢。
(119) 註 (9) 参照。
(120) 依拠するもの (rāθəma-) ——推定訳。
(121) 教胞 (sar-)、教朋 (haxəman-) ——は同義とみられる。同一の教えに結ばれた人々のこと。
(122) 求めんがために (būždyāi) ——ヴェーダ語 bhūṣ- 参照。
(123) 確保してくれる (apivaitī) ——異解の余地多し。
(124) 註 (38) 参照。
(125) さえぎり守るやから (yōi pišyeintī) ——pišyeintī は pā-「防守する」の s による拡張形。註 (184) にもみえる。
(126) ああ (avōi) ——悲嘆の語。一二一ページおよび註 (226)、註 (350) 参照。
(127) 明らかに他界的。
(128) 「宝蔵におく」については一二三ページ参照。宝蔵は garō dəmāna- または dəmāna- garō の訳語。新体語形は garō nmāna-。一般には「〔讃〕歌の邸《いえ》」と訳されているが、筆者の見解は「ものの収蔵所」。アフラ・マズダーの止住する最勝界で、のちには層位語「無始光〔天〕」であらわしたりする。註 (236)、註 (318) 参照。
(129) 四五・九 (一〇も同様だが) は前頌最終行につづく、信徒の素樸な願い (アフラ・マズダーは天則によって自身を律し、恣意的な幸・不幸の授与はしないはず)。

(130) 精力のなかに（varəzī）——精力（varəz-）はヴェーダ語 ūrj-。この解釈から性力の増強が考えられる。

(131) 安産によって（haoząθwāt̰ ā）。haoząθwa- は、hu-「安らかな」の拡張形と、zan-「生む」の派生詞 ząθwa-「娩出」との合成詞。前註および註（164）も参照したい。

(132) 註（38）参照。

(133) 牧す（nam-）——そこに止住して宣教すること。この語単独での「赴く」の意味（註348）はとらぬ。

(134) 日々の曙光のことであろう。

(135) 天則を各地に宣布実践する人たち。

(136) 註（95）参照。

(137) 給料を支給する（adąs）——この第一行を一般には、客として迎えられる権利（Gastrecht）を説くものとするが、そのような見解は成立しがたい。

(138) 「契約（urvāti-）をよく諒解しているもの」とは、契約がいかに重んじらるべきものかを、宗教・社会的によく心得ているものとの謂で、単に契約の内容をよく知っている、などの意味ではない。

(139) 合致して（rašnā）——註（92）でも触れたように語根は raz-。名詞幹として rašni- を措定し、それの単数於格とみるか、razan- や rašnā̆- を措定してその単数具格とみることができる。語意については、訳者は、中世ペルシア語 rāstīh（<rad-）が「合致、一致」の意味でも多用されていることに留意した。

(140) 「破約から（xrūnyāt̰）」についてはヴェーダ語 mitra-krú-「約束を破る」参照。破約から救うとは、雇主が契約条項を公告しておけば、勝手に解雇して自らも破約の罪を負い、その人を苦しめることもなくなる、という意味。

(141) 註(85)参照。

(142) 註(56)参照。

(143) 註(22)参照。

(144) 現当二世。

(145) 世嗣(naptya-)——napāt-「孫」にたいして語意の詳細が不明。

(146) 上奏されるに値いする(frasrūidyāi)——アフラ・マズダーの前に名を言上してもらうこと。次頌をみよ。

(147) アフラたち(註41)。

(148) ……の部分は原文最終行にあたるものだが散佚している。

(149) 「第一〔世界〕のもろもろの律法に則って(dātāiš paouruyāiš)」については三三・一参照。

(150) フラシャオシュトラ・フウォーグワよ、とあるべきものを割ったもの。二三二ページ参照。

(151) フラシャオシュトラとゾロアストラ。

(152) 讃辞(afšman-)——普通は「偈頌」とされるが、その反対語 anafšman- との関係から、「讃辞」「侮辞」と対立させた。

(153) 註(72)参照。

(154) もちろん、ここは善果。

(155) 四六・一九において最勝界での報償を約束されている人。次の行および2の第一行、3の第一行の「彼」も同じ。

(156) 一部擬人化、一部徳目。

(157) 註（108）参照。
(158) 四七・六に出る諸陪神。adāiš を ādā-（二二一ページ）と同一視するは不可。
(159) 来世のこと（二二一ページ）。
(160) 義者がますます御身を礼讃するようになる、ということ。
(161) 終末に世の建直しが行なわれ悪は滅ぼされるが、そうなるまでに、義者が不義者を征服することがあるのかと、ゾロアストラは問うのである。
(162) 本頌は等混界者のことでない。註（69）参照。「終末にはのけものとなる」とは、神から追放されて不義《ドゥルジ》の家の客となること。別格扱いをうけて等混界行きとなるのではない。
(163) 註（95）参照。
(164) 人間のためにも分娩を（mašāi aipī ząθəm）——ząθa- が「娩出」であることは次頌最終行でも明らか。註（131）をも参照。
(165) ここでゾロアストラは、アールマティから、信徒たちのほうに正面を向けかえている。
(166) この行はアールマティが起源的には地母神である一面を示すものとされている。この女神はヴェーダの Aramati で、ガーサー語形も詩行の音節数からみると Aramati であることがわかる。語原は arəm-mati- と一般にとかれているが、筆者はそうは思わない。別の機会に論じてみたい。
(167) 註（20）参照。
(168) 助成者（javara-）——全く不明。ゾロアストラが自身を「善思のわざを助成する者」とみたものと推測した。
(169) 註（30）参照。
(170) ゾロアストラ自身のこと。二二五ページ参照。

(171) 叫び声を挙げることから〔訣別して〕(manarōiš) ——mąnari- の単数奪・属格であるが、その mąnari- は mrū-「言う、叫び声をあげる」(三二・一四参照) の派生詞 *mămravi- に溯る。ここの文意は、壮士らは旧来の宗教儀礼に固執して叫び声をあげているが、そういう立場からわかれて、ゾロアストラの新しい祭式に、いつ参加してくるのか、と問うたもの。

(172) čisti- 単独であるが、「よい眼」の「よい」を略したのは、ウォフ・マナフのウォフ「よい」に含意させたからであろう。註 (95) 参照。

(173) 味方にするために (yavā) ——サンスクリット語 yu-「むすびつける」参照。

(174) 付随させようとする (mānayeitī) ——man-「とどまる、残留する」の使役活用。

(175) 註 (121) 参照。

(176) 註 (20) 参照。

(177) この思想については註 (59) 参照。

(178) ダエーナー「我」との関係については二二三ページ参照。

(179) 註 (151) 参照。

(180) 註 (46) 参照。

(181) 六六ページ参照。

(182) イージャー (Īžā) ——四九・一〇や五〇・八では神格視されている。サンスクリット語 Iḍā (註189参照)。普通名詞としては「乳・乳酪」と訳した。

(183) 最終行後半不確実。

(184) 太陽を忌む多くのものどものあいだにあって (pourušū hvarə̄ pišyasū) ——思想については三二・一〇と一七七ページ註 (62) 参照。pišyasū 〈*pišyatsu は一八二ページ註 (125) で述べた動詞形の現在分詞複数於格。

（185）施与するものたちの（dāθə̄m）施物に（dāhvā）ありつかせてください（nišąsyā）――dāθə̄m は *dāθąm と解した。nišąsyā は ni-hant- の未来命令法第二人称単数。施物（dāh-）は二八・六で「永劫の授けもの（dā̊ darəgāyū）」として在証されるものと同じ語である。もしこれを援用するならば、「授け給う方々（すなわち、御身たち神々）の授けものにありつかせてください」となる。施与者が神・人いずれであっても、受福のゾロアストラをまのあたりに人々に見せて、その所説のいつわりでないことを示したい、ということ。

（186）註（128）参照。

（187）註（92）参照。

（188）馭者があらわれてわが調律、舌根がととのい、讃歌が正しく詠唱されるために、ということ。

（189）イージャーについては註（182）参照。「シャタパタ・ブラーフマナ」書一・八・一・七に、女神 Iḍā（Manu の娘）の足跡に乳酪の生じたことが見えている。特殊なジェスチャーとして神事に用いられたと考えられる。ジェスチャーとしては五一・一六と註（203）参照。「イージャーの歩調」を「至心の歩調」とするのはとらない。

（190）註（3）参照。

（191）註（5）参照。

（192）善思の善巧をもって（vaŋhāuš manaŋhō hunarətātā）――善巧とは、すぐれたわざ、練達、奥義（四三・五にも類語がある）。ここの意味は、善思すなわち敬虔心に発した、すぐれた作法をもって、ということ。

（193）恵沢（garəzdi-）――不確実。

(194) この最後の二行は、一部に語義不確実なものがあるので明らかでないが、もし前註の意味が正しいとするなら、この二行の意味は「わたし（ゾロアストラ）が自分のうける報酬を思いどおりにうけることができるなら、祭主の布施を得たいもの」だということ、つまり「祭主の布施を得て自分の報酬を自分のものにしたい」ということ。

(195) 善思によって眼に価値あるものとなるもの——善思に発するわれらの行為にたいする果報として美しくみえるもの。

(196) 註（134）参照。

(197) 註（82）参照。

(198) 橋の固有名詞とするのはとらない。

(199) urvāθā を urvaθa-「盟友」の複数とみたもの。

(200) 牧地に定着して牧養することはしない。

(201) 註（128）参照。

(202) aṣ̌aičā でなく aṣ̌āčā（写本 K11）をとったもの。

(203) 「善思をもって」ということ。歩調の語は神のまわりを廻歩する（註5）のに因んでつけたもの。註（189）参照。

(204) かれが最勝界で享けるべき身体。

(205) 註（193）参照。

(206) 五一・一六では天眼、同一七では身体、同一八では天眼、といったものはマズダーの授け給うもの。そういうものがはげましとなることを願うのである。

(207) 「みずからに創り出す」とは、獲得するということ。

(208) 第二―三行は語彙としてはありふれたものばかりであるが、シンタックス的には難解。訳者は第二行 išasąs の次に yə̄m を補って解した。

(209) ヤスナ二七・一五の、いわゆるイェンヘー・ハータームyeṅhē hātąm 祈禱句（註267参照）は、この五一・二二を模本としたもの。

(210) 註（5）参照。

(211) 実践し（dabən）――語義不明。

(212) これなるもの（tə̄m）――新郎ジャーマースパのこととされている。彼を、ウォフ・マナフ等々に代って教えを広める者というのは、後世彼を初代司教とせる伝承にも一致するものがある。

(213) めあわしたのです（dāt̰ sarə̄m）――主語としては第三人称単数が含意されているだけで、それ以外は不明。

(214) 知恵（xratu-）――第二十八章以後のガーサー諸章とは異なる用い方をされている。後にはもっぱら、この意味のみ。

(215) 入嫁先の家族の人たち。

(216) 夫（ジャーマースパ）のこと。

(217) ウォフ・マナフのくだす報償。

(218) 原文 mə̄m bə̄əduš̆ は不明。

(219) これから花嫁にもなるであろう乙女《おとめ》たちといっしょに、当面の式場に参列している人たち。

(220) 前註で述べたすべての男女をさす。以下同様。

(221) 註（14）参照。

(222) 次に述べることは、そのとおりに真実だ、ということ。

(223) 註（120）参照。

(224)「御身どもはその身から遠ざけよ」は原文はじめの三語を削除したものであるが、piθā は *pitā（pā- の現在命令法二人称複数）と解し、tanvō は複数に代わる個別的単数と見たもの。

(225) この語が extase sexuelle について用いられていることに注意したい。

(226) ああ（vayōi）――悲嘆の語。二二一ページおよび註（126）、註（350）参照。

(227) 欺かれるべきもの（dafšnya-）――不確実。

(228) 定住せる人々に（vīžibyō）――文脈は単なる vīs-「部族、村」でないことを示している。この行の始めにある huxšaθrāiš は削除した。ヤスナ一二・二にも「定住者たち」としてみえている。

(229) 註（117）参照。

(230) 註（86）参照。

(231) アムシャ・スプンタたち。アフラ・マズダーとアムシャ・スプンタたちへの神事云々である。

(232) 註（121）参照。

(233) 註（5）参照。

(234) 註（14）参照。

(235) 註（95）参照。ただし、ここは人間のそれについていう。

(236) 無始光のこと。註（128）、註（318）参照。

(237) フラワシ（fravaši-）――それぞれの守護霊として各自のもつ一種の精霊。義者の魂は、義者の逝世後、そのフラワシと合体するともいわれている。そういう点において、フラワシは義者の在天のダエーナーとも言いうる。

(238) 註（82）参照。

(239) 註（22）参照。
(240) アムシャ・スプンタたちを性別にわけると、女性にはいるのはアールマティ、ハルワタート、アムルタートの三座であるが、ここではウォフ・マナフはこの三座とも合して一団をなしていることになる。
(241) 註（82）参照。
(242) 註（5）参照。
(243) 註（121）参照。
(244) 乳酪をもつ（īžya-）——註（182）、註（189）参照。
(245) 註（121）参照。
(246) ヤスナ二七・一五に同じ。
(247) ヤスナ二七・一三に同じ。
(248) ヤスナ二七・一四に同じ。
(249) ハラティー（Haraitī）山——ハラー（Harā）ともいう。神話的な山。
(250) ワーシー（Vāsī）——のちには魚とされた怪物。
(251) ウォルカシャ海（Vourukaša）——世界をとりまくと考えられていたオケアノス。「義者たる驢馬」とは海央にすむ三脚六眼双耳九鼻一角の巨獣、義者的奇蹟を現ずる。
(252) 強壮にする（frāšmi-）——語義不確実。
(253) アサルワン（aθaurvan-）、アースラワン（āθravan-）——祭司聖職者。
(254) 四七・五参照。
(255) 三一・七参照。
(256) 三二・二参照。

(257) 註（228）参照。

(258) 「（不義者の）目」――慈眼（註95）の反対。悪い目（註379をも参照）は不吉不幸をもたらすと信じられていた。現在も同様。

(259) 恩恵ある牛、義者たる人間――それぞれ中世ペルシア語のいわゆる gāv i ēvak-dāt「一頭だけ創造された牛」なる原牛と、ガヨーマルト Gayōmart とよばれる原人と見ることができる。後者は直接、人類の祖先とはみられていない。祖先とならばマシュヤク（Mašyak）とマシュヤーナク（Mašyānak）なる兄妹。

(260) 最近親婚に従い（x^{v}ātvadaθa-）――父娘、母子、兄弟姉妹間の通婚。

(261) 教誨者（dazdā）――dąh-「教える」の行為者名詞 dazdar- と解した。ウォフ・マナフに属する教誨者として、ゾロアストラは、一つには世のもろもろの行為をマズダーに帰一するように教導し、一つには世の王国をも同様に教導するもの、との意味。

(262) 動詞が三人称複数たるのみで、この主語は全く表示されていない。しかし、天則とウォフ・マナフとマズダー・アフラであることは明らか。

(263) 註（86）参照。

(264) この二七・一三は yaθā ahū vairyō「教え人として望ましいように」ではじまるので、アフナ・ワルヤ（ahuna vairya）〔祈禱句〕とよばれ、三大祈呪中でも最も重視される大呪。なお、二一五ページをも参照のこと。

(265) この二七・一四は ašəm vohū「天則はよきもの」ではじまるので、アシュム・ウォフー〔祈禱句〕とよばれ、三大祈呪の一。

(266) 註（264）参照。

(267) この二七・一五は yeṅhē hātąm「(世に) あるものたちのうちでどの男性の」ではじまるので、イェンヘー・ハーターム〔祈祷句〕といわれ、三大祈呪の一。五一・二二が模本となっていることについてはすでに述べた(註209)。

(268) アルヤマン(Airyaman)——アルヤ人の守護神。ガーサーではこの意味では用いられていない。インド・アルヤ人のミトラ——アルヤマン——バガ(Bhaga)の三神にたいし、ゾロアストラ教ではミスラ——スラオシャ(Sraoša)——アシ(Aši)が対応する。つまり、アルヤマンはほとんどスラオシャによって代位された。このスラオシャは aša-「天則」の派生形 ašya- を伴って「義神スラオシャ」として登場する。

(269) このヤスナ五四・一は ā airyə̄mā išyō「求めまほしきアルヤマンは」ではじまるので、アルヤマー・イシュヨー(airyamā išyō)〔祈禱句〕といわれる。

(270) ブーティ(Būiti)——ダエーワの一。

(271) マルシャワンから出た……(maršaonəm davažā)」マルシャワンはダエーワの一なるも、後者は不明。

(272) 註(89)参照。

(273) 註(264)参照。

(274) よきダートヤー、または、法にかなえるワヌヒー(Vaṅhī Dāityā)——川の名。この川をどこに比定するかは大問題。ハリー・ルード＝テジェンド川に比定することが行なわれている。この川のアルヤ流域は airyana vaējah Vaṅhuyā Dāityayā とよばれるが、最後の二語が省略されてアルヤナ・ワエージャフ(ヤスナ九・一四参照)とされるのが普通で、中世ではエーラーン・ウェージュ Ērān-vēj となり、ゾロアストラ教徒にとっては最も神聖な地域とされた。筆者がアヴェスター語域のコア(二一〇ページ参照)とみたのは、この地域である。

(275) スクタラ（skutara）——不詳。

(276) 悪意で謎をかけ、答えられなければ加害するのは、イランで古くから行なわれた。

(277) ドゥルジャー（Drajā）川——比当困難。

(278) ナス（Nasu）——死屍の悪魔。死屍にふれると、この悪魔が侵襲して汚す。

(279) クナンサティー（Xnanθaiti）なるパリカー女（pairikā）——この女魔はVīd. 一・九にもみえる。パリカーは女魔、巫女《のろ》ほどの意味。

(280) カンス海（āp Kansaoyā）——東イランの神話的な海の名。ハムン湖に比定される。「カンス海から、東の方処から」とは「東の方処なるカンス海から」の謂。ゾロアストラ教伝承によると、ゾロアストラの精液は九万九千九百九十九柱のフラワシによってこの海中に守護され、終末の三つの千年紀のそれぞれにひとりずつのサオシュヤントが生れてくるといわれている（二二七ページ参照）。ここのサオシュヤントは最後に出現するものを指す。

(281) ゾロアストラの母はドゥグゾーワー Duγδō.vā という。

(282) ワザガン（Vaδaγan）——詳細は不明。

(283) 分離云々についてはHN.二・一七参照。

(284) 無限時間（zrvan akarana）——世界の終末までを有限時間とし、時間は以後、無限時間に帰入するとされる。しかしここはズルワン「時間」なるインド・イラン神格を最高原理とする、いわゆるズルワニズムの影響をみせている。言うならば、そういうズルワンの助けをかりて、ということ。

(285) ヤスナ第四十四章の一——十九の第一行。

(286) アシャ・ワヒシュタ（aša vahišta）——「最勝のよき天則」の擬人化。

（287）クシャスラ・ワルヤ（xšaθra vairya）――「望ましの王国」。

（288）かの（avaēn）――不確実。

（289）Vīd. 一九・三九と註（323）および註（55）参照。

（290）スヴァーシャ（θwāša）――運命を支配する神としての蓋天・虚空。「自法に従う」とは自在を意味する。

（291）ワユ（Vayu）――二一一ページ参照。

（292）註（237）参照。

（293）ここではフラワシの徳目（二二〇ページ参照）。

（294）註（268）参照。

（295）何を指すかは次の二節が答えている。

（296）芽をふいた（uruθmya-）――不明。註（307）参照。

（297）バルスマン（barəsman）――神をまつるに用いる祭具の一で、聖枝の束であるが、神に供犠する際はそれが「拡げられた」ことに注目したい。サンスクリット語 barhis もこの点は同様。

（298）長さや幅の単位 aēša や yava は詳細不明。

（299）この二行、意味不明であるが、註（297）に記したバルスマンの使用法にかんがみて試訳を付した。「束ねられたもの」「とりまくのは」には同じ語詞からの、それぞれの派生形が使用されている。

（300）原文は srīrā́s- で、「美しい」という形容詞の曲用形であるが、具体的になにを形容しているのか不明。

（301）ラーター（Ràtà）――「賜物」「施物」の擬人化、女神。

（302）この二行、「アフラ・マズダーなる御身は、睡眠を用いず、大麻を用いざる方《かた》である」とも訳しうる。a-xᵛafna-「無睡眠的」、a-banha-「無大麻的」は異論多く、後者には全然異なった解釈も提唱されている。

しかし訳者はここで、(1)睡眠とは三〇・三 x^{v}afnā「睡眠を通して」（単数具格）と同じ語で、この睡眠とは無念無想の境地で、そういう境地に入らなければ人間には霊能が働かないが、アフラ・マズダーはそうではない。ゾロアストラが世界の始元を観見するには、この境地に入るほかなかった。(2)大麻を用いて(1)の境地に入るのは、神にはその必要がなかった――の二点を見てゆきたい。

（303）ガオマエーザ（gaomaēza）――中世ペルシア語 gōmēz「牛尿」のことで、祓浄に用いる。

（304）註（84）参照。

（305）生を破壊するもの（marəzujīti-）――この語を marək-「破壊する」と jīti-「生」「生活」「生命」との合成詞とみたものであるが、これでは -zu- が説明できないので、依然として語義不明。

（306）防がせましょう（nipārayanta）――不確実。

（307）穂に出る（uruθma）――不確実。註（296）参照。

（308）註（306）と同じ。

（309）ヤスナ三一・一四および註（50）。

（310）ウィーザルシャ（Vīzarəša）――邪魂を悪界へ拉致する悪魔。

（311）胸衣を着し（nivavant-）。

（312）くさりをつけ（pasvant-）。

（313）註（249）参照。

（314）ヤザタ（yazata-）――新体アヴェスターの神々。「崇め、まつらるべきもの」の謂。

（315）岸（haētu-）――あるいは堤防。サンスクリット語 sétu-「三途」。ここの川を渡って天国に入るのである。

（316）註（89）参照。

(317) ナルヨーサンハ (Nairyō.sanha)。

(318) Vīd. 一九・三五の「自法に従う無始の光明」については註(128)、註(236)参照。HN. 二・一五では至上天の名となっている。

(319) 等混界が確認される。ガーサー精神とは異なる。

(320) サオカー (Saokā) ——恩賚の神格化。

(321) ウルスラグナ (Vərəθraγna) ——イランではヴェーダの軍神インドラは魔とされ、代ってこの神が、インドラとヴァーユ神との性格を吸収して信仰された。このウルスラグナ神の十化身は有名で、正倉院のローケツ屛風にはそれが(一部は隠し絵風に)えがかれている。

(322) ティシュトルヤ (Tištrya) ——シリウス星。雨を起こし雨を降らす神格としての彼は高名。

(323) 世界を構成する七洲の名はそれぞれ Arəzahī, Savahī, Fradaδafšū, Vīdaδafšū, Vourujbarəštī, Vouru.jarəštī, X^{v}aniraθa. ヤスナ三二・三にあげた第七洲というのは最後のもので、中央に位置する。註(55)参照。

(324) ハエートゥムント (Haētumənt) ——現 Hēlmand 川(アフガニスタン)。ハムン湖に注ぐので神聖視される。一九四ページ註(280)参照。

(325) アシ・ワヌヒー (Aši Vanhī) ——「よきアシ」。ガーサーではアシは報応で、稀にしか擬人化されなかったが、のちには女神として頻出。根源的には註(336)参照。

(326) 二三三ページ参照。

(327) 栄光 (X^{v}arənah-) の一つ。栄光は正統な権威を表示するシンボルで、図像学的には光輪(光背)、その他で表現される。

(328) 註(60)参照。

(329) ワージシュタ（Vāzišta）——空中の水にひそむ火。次註の魔を討ってその閉塞させていた水を放出させた。

(330) スプンジャグルヤ（Spənjaɣrya）——インドのヴリトラに似た魔。前註の火によって棍棒で討たれた。

(331) ここの二行について。テキストは

Sraošō ašyō daēum Kundəm
banhəm vībanhəm avajanyāt

とある。訳者の解は四六節に基づいた。それでその節をみると

hāu daēvanąm snaθō
hāu daēvanąm paityārō hāu druxš vīdruxš

の一節があり

彼（ゾロアストラ）は諸魔の打倒者。
彼は諸魔の対抗者。彼はドゥルジへの反ドゥルジ者。

と解される。このなかの最後の「彼はドゥルジへの反ドゥルジ者」を文体論上からそのまま援用すると、始めにあげた二行は

義神スラオシャが魔クンダ〔すなわち〕
大麻への反大麻者を打ち倒さんことを。

となる。註(302)、註(61)参照。訳者の新しく到達した解釈である。大麻をエクスタシーに入る手段として用いることは排斥されていなかったと解する。クンダは、そうすると、これと反対の立場にあったものとみるべきか。

(332) カラ（Kara）――はウォルカシャ海に棲む巨魚。

(333) 戦士といわれる二ムルズ（marəzu）――星座名か。不明。

(334) これも星座（北斗七星）か。

(335) この最終行 hvā̊nhō puθrā̊nhō pusā̊hō bavainti も、個々の語詞はわかっているが、シンタックス的に解釈不能。

(336) インドラ（Indra）、サルワ（Saurva）、ノーンハスヤ（Nā̊nhaiθya.）はそれぞれ、ヴェーダの Indra, Śarva, Nāsatya に対応する。Śarva は Rudra 神の別名、Nāsatya は Aśvin 双神の別名。インドの deva「神」がイランでダエーワ「悪魔」となっていることを明示する好例として、よく引用される。インドラについては註（321）をも参照。以下の諸魔については註を略し、初出のもののみ原名をあげておく。Taurvi, Zairič, Akataš, Driwi, Daiwi, Kasviš, Paitiša.

(337) アルズーラのしゃれこうべ（Arəzūrahe kamarəδa-）――山の名で、地下にある悪界の入口にあるとされている。「しゃれこうべ」と訳した語 kamarəδa- は「醜悪な頭」の意で、ダエーワ語。

(338) ここで（iməm）――不確実。

(339) ドゥラオガ（Draoga）――「虚偽」の擬人化。

(340) この章は、中世ペルシア語本『アルターイ・ウィーラープの書 Artāy Vīrāp Nāmak』と同類のテキストとみられる。この中世語書は、アルターイ・ウィーラープなる人がインド産大麻《マング》を酒にまぜてのみ、エクスタシーに入って肉体から分離した彼の魂が霊界を遍歴して見聞したところを、書きとめたものとされている。こういう点からすると、章中、現在時制が使用されているのは「歴史的現在」とよばれる叙法であることがわかるし、三十七節にみえる人名アスモークワンワントなるものは、中世語書のアルターイ・ウィーラープに相当すると考えることができる。

(341) この二行、ヤスナ四三・一より。

(342) 古来、イランでは、男女とも成熟して活気充実する年齢とみられている。

(343) このダエーナーは教法ではあるまい。

(344) サオチャヤ（saočaya-）、バオス（baosu-）、ワラクズラ（varaxəδra-）――いずれも罪業名なるも不詳。

(345) 近くから、はたまた遠くから――ヤスナ四五・一参照。

(346) 註（318）参照。

(347) 註（89）参照。

(348) ヤスナ四六・一から。ここでは nam- は「赴く」の意に解されているが、敢えて原意をとって「牧す」と訳しておく（註133参照）。

(349) 以下は、ハーゾークト・ナスク二・三三となる。

(350) おお（āvōya）――悲嘆の声。二二一ページおよび註（126）、註（226）参照。

(351) ジャヒカー女（jahikā-）――二〇一ページ註（364）参照。

(352) 註（237）参照。

(353) アスモークワンワント（Asmō.X^{v}anvant）――ゾロアストラ教信者の名。註（340）参照。

(354) 原文 fraxšti. 語義不明。

(355) ウシダム（Uši.dam）、ウシダルナ（Uši.darəna）――共にハムン湖（註280参照）東方の山とされている。それぞれ「曙光の家」「曙光の保持者」を意味するが、ここでは uši を「両耳（アフラ・マズダーの）」の意に解して、この山を勧請している。

(356) 註（84）参照。

(357)「スピタマ・ザラスシュトラよ」の略。
(358) 註(60)参照。
(359) 註(60)参照。
(360) 註(342)参照。
(361) アースヴヤ（Āθwya）の子スラエータオナ（θraētaona）——スラエータオナの竜ダハーカ（Aži Dahāka）討伐はインドラのヴリトラ討伐のイラン版の一つ。ところで、Āθwya のヴェーダ対応形は Āptya で、その子 Trita はヤスナ九・一〇のスリタ（θrita）に相当する。イランのヴリトラともいうべきダハーカ竜はクリンタ城（Kuirinta）にいた暴君とされているが、その彼と、アレクサンドロス大王（二〇八ページ参照）と、トゥラン（ツラン）のフランラスヤン（註400）との三人は、ゾロアストラ教伝承では三大暴君として怨憎のまととなっている。
(362) 註(361)参照。
(363) ウルワークシャヤ（Urvāxšaya）とクルサースパ（Kərəsāspa）——後者はイランのヘラクレス。中世ではルスタム（Rustam）が彼にとって代わることとなる。次註をも参照。
(364) マルヤ（mairya-）——本来は「青年」の意味だが、若い戦士で宗教的儀礼をもって結社していた集団の団員。その彼らが自由な性交渉の対象にしていたものがジャヒカー（jahikā-）。クルサースパや彼の竜退治譚も、もともとは、マルヤ集団のものであり、アエーシュマも同様だといえば、マルヤやジャヒカーがゾロアストラ教伝承では悪い意味で登場するわけも首肯できるであろう（クルサースパにも聖火に対する罪が説かれている）。彼らは、異教的邪教的男女の意味で侮蔑的な対象とされている。
(365) 註(274)参照。
(366) 註(264)参照。

(367) 註（279）参照。

(368) 破義者（ašəmaoɣa-）――アシャ（天則）を破るもの。

(369) 原文 katayō. 不明。

(370) 神力《じんりき》（spānah-）――すぐれた能力、法力《ほうりき》。

(371) この行は九・二二、同二三双方にかかる。

(372) クルサーニ（Kərəsāni）――神話的人物。ヴェーダの Kṛśānu から推測すると、クルサーニも、ハオマが人間のもとにもたらされるのを阻止したのであろう。さてこそ、ハオマに打倒されたものか。

(373) 註（253）参照。

(374) 輪綬（aiwyā̊nhana-）――ゾロアストラ教徒が入信の表示として腰にまとっている聖帯、いわゆるクスティーク（kustīk）、コスティー（kustī）のことで、ここはその由来を神話的に説こうとするもの。

(375) 馬（aiwiδāitiš）――不明。

(376) すべて、ハオマにかかる修飾語。

(377) 註（370）参照。

(378) この二行は、おそらく、罪業者への呼びかけであろう。そこで冒頭に〔 〕を補っておいた。

(379) わるい目の排除については註（258）。また、よい目、慈眼は註（95）。

(380) 註（364）参照。

(381) 註（268）参照。

(382) 首器（fratara-）――ハオマ草を入れる臼に相当するもの。

(383) 上器（upara-）――ハオマ草をつきくだく杵に相当するもの。

(384) 註（249）参照。

(385) 鶩を凌ぐ山々（iškata upāiri.saēna）——山名とみる人もある。
(386) 原文 kusrāδa kusrō.patāδa.——不明。
(387) 原文 pawrāna višpaθa.——不明。
(388) マルヤたちの祭典に牛や幡（やジャヒカー女）が行列に加わってゆくが、それが酩酊していることを指す。
(389) マルヤ女《おんな》（jani- mairyā-）——ジャヒカー女のこと。註（364）。
(390) 無用さ（ūna-）——語義の具体的内容不明、従って訳語も不的確。
(391) 酒壺の——原文の jaininąm を *jairinąm と読んだもの。
(392) 原文行末不備。
(393) ハオマを讃える祭司。
(394) 次節を指す。次節はハオマ讃歌の事実上の結尾。ハオマと牛とを供犠して行事を終わる場面であるが、動植物の中にある増殖力を宥和称讃するもの。
(395) この行はヤスナ四八・五から引用。
(396) 強壮にする（frāšmi-）——不確実。
(397) 章末の一四—一九節は省略した。
(398) 走路において（karšuyå）——レースコースのラインとみて訳したが不詳。
(399) ダハカ（Dahaka）、ムーラカ（Mūraka）、ワルシュナ（Varšuna）——ダハカはダハーカ竜と関係があり、ムーラカはインドの Mūra deva と関連があるかもしれず、ワルシュナは本来は「飢餓」の意味とすれば、いずれも魔性《ましよう》の擬人化であろう。
(400) 註（361）参照。このマルヤは Hankana とよぶ地下の鉄城に住んでいたといわれる。

(401) 註(364)参照。

(402) この節は不明。

(403) 註(14)参照。

(404) スプンタ・マンユ＝アフラ・マズダー。

訳者解説

伊藤　義教

「古典」文学全集に収める「イランの文学」といえば、イスラム以前のイラン文学をあげても、まず異論はなさそうである。ところが、そうした場合に、何を中心としてその「イスラム以前のイラン文学」を編集したり選択したりしたらよいか、ということになると、問題はかなりむずかしくなる。「美としての文学」の語に深くこだわらずにこの問題をとりあげると、われわれはまずゾロアストラ教を中心としてとりあげることができるし、またこのとりあげかたが、現存している資料からみても、きわめて妥当なことを発見する。それほど、現存資料はゾロアストラ教系のものが大部を占めており、純文学的作品とみられるものでも、ゾ教の影響をうけているものがはなはだ多いのである。ことばをかえて言えば、ゾ教系のものが多くイスラムの征服をまぬがれて今日に伝存した――いな護持されて今日に及んだとも言えるのである。

宗教史的にみれば、ゾロアストラ教がイラン唯一の前イスラム的宗教ではなかった。古くは、反ゾ教的宗教としては、ミスラ教その他の宗教的潮流がたくさん存していたし、のちには、キリスト教や仏教が浸透し、マニ教が興起して来た。しかし、現存するイラン語資料からみれば、その擁する固有の資料が、あるものは皆無にちかく、あるものは量的に微々たるか、あるいはようやく研究の緒についたばかりで多くを今後の研究に待つといった状況にあり、いずれの点からするも、この全集の企画としてはふさわしくないものがほとんどである。そのうえ、キリスト教や仏教系のものは聖書や梵語仏典の翻訳が主であり、メソポタミアの宗教であるマニ教を、一歩ゆずって、イランの宗教とみても、イラン語のマニ教残経は量的にはわずかなものである。そうすると、イラン発祥の宗教としても、あるいはその擁する文献の量からいっても、ゾ教系の文献は、前イスラム的イラン文学としては、まず第一にとりあげらるべきものであろう。

ゾロアストラ教とは、言うまでもなく、ゾロアストラ（正しくは、ザラスシュトラ Zaraθuštra）の教えが、歴史的に一つの体系にまとまったものをさして言うが、そうした体系にまとまるまでには、いろいろな要素が加わってきた。その要素のなかには、開祖のゾロアストラ自身が排斥した信仰形態まで見出されるというところから、そうした混成形態のものを Zoroastrianism「ゾロアストラ教」とよび、これにたいし、ゾロアストラ自身の教義、いわば原初形態をさして Zarathushtrianism「ザラスシュトラ教」とよぶ人もある。筆者は、本邦で呼びなれた名「ゾロアストラ」をもっぱら用いる関係上、前者をゾロアストラ教、後者をゾロアストラの教義、ゾロアストラの教え、などとよんでおく。

ゾロアストラ教系の文献となると、アヴェスターと、それの後裔文学である中世ペルシア語（またはパフラヴィー Pahlavī 語）文献との二つに大別できる。そして、後者はさらに細分すると、アヴェスターの直接的訳註、すなわちザンド Zand とよばれるものと、それ以外のものとにわかたれる。『アヴェスター Avestā』とは、中世ペルシア語形アパスターク Apastāk、アヴィスターグ Aβistāγ などの崩れた近世ペルシア語形で、その古代語形はついに伝わっていない。そういう事情もあって、アヴェスターの語義は今なお必ずしも明らかでない。しかし、アヴェスターは「ゾロアストラ教」徒の聖典として古来伝持されて今日に至っており、ゾ教の研究にはいうまでもなく、ヴェーダ文献の研究ないしインド・イラン研究にも貴重な素材を提供するものとして、その価値はけだし不朽である。コータン・サカ語文献の探究が近来急速に進展してきて、インド・イラン研究の地平線が一段と拡大されたが、同研究のメーン・ラインがアヴェスターとヴェーダ文献の比接にあることは、依然としてかわっていないように思われる。

そのように重要なアヴェスターではあるが、その歴史はあまり明瞭ではない。今日わかっている最古の史実は、マーニー（二一六—二七七）の時代に文字で書かれたゾロアストラ教のテキストがあったということだけである。その次は推定となるが、かなり確実とみられることは、マーニーの言及しているテキストが、アルシャク朝代（前二二四—後二二六）にアラム文字をもって編集されたテキストと関連するものである、ということである。このアルシャク朝本は部数も二、三通で、一般の使用に供するものでなく、大王の宝蔵に収める目的で作成されたものらしく、従って口承伝持が依然として権威視されていたと思われる。これからさらに遡ると、ゾロアストラ教徒の伝承をどのように受けとめるかという問題になる。その伝承にもいくつかの流れがあって細部では一致を欠くが、大筋によると、ゾロアストラ自身は直接自身で執筆はしなかったが弟子があとで書きとめたものがあった（このことはマーニーも伝えている）。しかしアレクサンドロス大王がペルセポリス王宮を焼いたとき（前三三〇）、その聖典も運命を共にした、というのである。では、マーニー以後のアヴェスターの歴史はどうかというと、年代を正確に決定することは困難ではあるが、一連の大きな出来事がつづいている。すなわち、決定的編集が行なわれて二十一巻本が成立したこと、アヴェスター文字を創案して従来の不完全な記法を改め、母音や子音を正確に写すことを試みたこと、中世ペルシア語をもって訳註の業が行なわれ上記したザンドの成立したこと、などである。四世紀から六世紀にわたってのことで、サーサーン王朝代にゾ教が国教とされていたことをかえりみれば、なるほどとうなずける。これらのうち、二十一巻本というのは、二十一の巻（ナスク Nask）から成っていたアヴェスター書のことで、そのうち四分の三は散失し、現本アヴェスターは、残り四分の一に相当するとみられている。こうした事情や二十一巻本の全容は『デーンカルト Dēnkart』という中世ペルシア語書が詳細に伝えているので、同書の成立した九世紀には二十一巻本はなお存していたのである。また、これらのうちで、ザンドはネールヨーサング Nēryōsang（十二世紀）による梵語訳の底本となった。彼は、イランからインドにエクソドスした、いわゆるパールシー人の学匠であったが、アヴェスター本典に対する言語学的理解はすでに失われ、彼によるアヴェスターの梵語訳というのは、もっぱら、中世ペルシア語訳註ザンドによったものである。

読者は、一宗の学匠ともあろう彼がその本典を読みこなせなかったときいては、奇異の念に打たれるかもしれない。しかし、もともと、これにはわけがある。ザンドを作成しなければならなかったということそのことが、すでにアヴェスター語への理解の失われていたことを示すもので、特にガーサー（後記）の部分では、ザンドは、はなはだしい理解不足をバクロしている。ネールヨーサングの話していたペルシア語もザンドのそれも、ハカーマニシュ王朝代の古代ペルシア語碑文に代表される方言――いわゆる南西イラン方言とよばれるものに属していて、アヴェスター語とは方言系統を異にしている。ザンドの述作者たちの言語は、アヴェスター語の系統には属さなかったのである。では、アヴェスター語は、イランのどの地域の、いつの時代のものかということになるが、これはなかなかむずかしい問題である。というのは、アヴェスターは、同一地域で、しかも同一時代において一挙に成立したものを集成したものではないからで、すくなくとも、ゾロアストラの時代（後記）からハカーマニシュ～アルシャク王朝代にかけて成立したものの集録（集録の時期は上記したようにサーサーン朝代であって少しも矛盾しない）であり、その述作者たちの出身地も、それぞれ、異なっていただろうからである。しかし、そうした事情にもかかわらず、アヴェスター書の言語すなわちアヴェスター語なるものを設定し、それを古代ペルシア語と比較すると、方言差として、一定の音韻や文法形態などを指摘することができる。では、そのアヴェスター語なるものは、どこの方言に属するのか。ある人は北西イラン方言たるメディア語とくらべて古代メディア語であるといい、ある人は東方イラン方言とくらべて同系統の方言であるといい、古くはこの派では古代バクトリア語であると主張していたし、またある人は、いずれの地域の方言であるとも限定せず、独自のイラン方言であるといっているありさまで、意見が対立している。筆者は東イラン方言の一つ、それもしぼれば、西アフガニスタン、東イラン、トルクメン共和国の接壌地域一帯がアヴェスター語のコア「核」であったのではないかと、現在考えている(一九三ページ註274参照)が、考定はなかなかむずかしい問題をかかえている。あくまでも、コアというだけのことで、アヴェスター語一般ということになれば、上述したように、種々な年代要素や地域要素が加わってくるのである。

では、そのコアはどういう意味をもっているかというと、筆者現在の考え方では、それをゾロアストラ(ザラスシュトラ)の活動地域と結びつけ、またその地を、彼が述作に使用した用語を理解しえた地域の一つと見做そうとするのである。その用語というのは、いうまでもなく、ガーサー語またはガーサー・アヴェスター語とよばれるもので、ガーサーとは下記のごとく、アヴェスターの一部である。

現存のアヴェスターは、1ヤスナ Yasna、2ウィスプ・ラト Visp-rat、3ウィーデーウ・ダート Vīdēvdāt、4ヤシュト Yašt、5クワルタク・アパスターク Xᵛartak Apastāk（小部アヴェスター）、6その他の逸文、から成っている。1は神事書で、大祭儀に読誦され、2はその補遺。3は除魔法書、4は頌神攘災招福書、5は小讃歌、小祈禱書、6は葬い文、ハーゾークト・ナスク Hāδōxt Nask その他の残経。ハーゾークト・ナスクはかの二十一巻本の第二十巻目に含まれていたもので、ハーゾークトとはアヴェスター語 haδaoxta「説かれたこととともに」という語（書名）の中世語形である。これらのなかで、内容的に変化に富むのは4で、二十一章から成り、各章毎に対象とする神格が異なるほか、古体ヤシュトとよばれる諸章（五・八・一〇・一三・一四・一五・一七・一九）は、ヴェーダ文献との比較研究や、イランの前ゾロアストラ的宗教形態を探究するのに重要な資料を提供するものとして注目される。そこに見られる信仰形態は筆者が先述したゾロアストラ教系のもので、ゾロアストラの教義とは内容も精神も異なるものと、一般に見做されている。ゾロアストラによって斥けられたインド・イラン的パンテオンの神々のなかのあるものが、ヤシュト書では再びゾ教のなかに神々の座を回復した、つまり、ゾ教的パンテオンにそれぞれの座を回復したものとされている。一例をあげてみると、ヤシュト第十五章は軍神ワユ Vayu にささげられているが、この神は、軍神として死の神であり、また、その反面に豊穣の神でもある。死と生をさずける運命神として、それは善悪二面を有していたのである。自然現象の面からみると、虚空における大気の流動、つまり、風がワユであり、その意味でそれは風神であるが、また宇宙神の気息とみなされ、その意味で世界を活動させる衝動的原理と考えられた。この性質は、彼の善悪二面性とともに、ゾロアストラによって、どのように受けとられたのであろうか。一般に認められているところによると、このワユは、かれによって、後記する善悪二霊（スプンタ・マンユとアンラ・マンユ）として理念化された。これを逆に言うなら、そのままでは容認されなかったワユ神が、ヤシュト書では、ゾロアストラ教パンテオンに神としての座を回復したのである。このような過程はミスラ Miθra 神にも見出されるところで、そうした意味で、この神格を取り扱ったヤシュト第十章はきわめて注目すべきテキストである。そのミスラ神であるが、それを中心に、スラオシャ Sraoša とアシ Aši の二神が脇侍して三神を形成するが、この形式はインドのミトラ――アルヤマン――バガの三神に対応する。一九三ページ註(268)を見れば、スラオシャが聴従、アシが報応としてガーサーに受容される一方、新体アヴェスターではインドのアルヤマンおよびバガに相応する神格として登場しているわけが諒解されるであろう。ゾロアストラによって斥けられた信仰が彼の教義に巻き返しを試みて合揉の信仰形態をつくりあげて体系化したものがヤシュト書であり、またそれはヤスナ書にも見出される傾向である。そうしてみると、アヴェスターから抜萃するといっても、インド・イラン的宗教形態を再現するものの方向に重きをおくか、あるいはゾロアストラの教義に重きをおくかで、かなり異なった結果となる。筆者は限られた紙数を考慮して、抜萃の基本を後者におくこととした。そうした場合には、当然、ゾロアストラの教義を伝える一等資料が最優先的にとりあげられる。それがガーサーである。

『ガーサー Gāθā』とはヤスナの一部で、章でいえば二十八―三十四、四十三―五十一および五十三の計十七章をさす。すべて詩文で述作され、散文はまじえていない。一定の音節数をそなえた詩行をいくつか集めて、一詩頌を形成する。その音節数と詩行数とをもとにして、この十七章は五種の群にわかたれ、各群にそれぞれの名称がつけられている。図式化して示すと次のとおりである。

1　アフナワティー・ガーサー Ahunavatī Gāθā ＝二十八―三十四章、（7＋9）×3。

2　ウシュタワティー・ガーサー Uštavaitī Gāθā ＝四十三―四十六章、（4＋7）×5。

3　スプンターマンユ・ガーサー Spəntā.mainyu Gāθā ＝四十七―五十章、（4＋7）×4。

4　ウォフークシャスラー・ガーサー Vohu.xšaθrā Gāθā ＝五十一章、（7＋7）×3。

5　ワヒシュトーイシュティ・ガーサー Vahištōištī Gāθā ＝五十三章、（7＋5）×2＋（7＋7＋5）×2。

1と5を例にとって解説すると、1はヤスナ第二十八章から三十四章までで、アフナワティー・ガーサーとよばれる群を構成し、一詩頌はすべて七音節と九音節とから成る一詩行を三個集めて成り立っている。これに比し、5はヤスナ第五十三章で、ワヒシュトーイシュティ・ガーサーとよばれ一詩頌は、七音節と五音節とからなる詩行二個と、さらに七音節を加えた詩行二個との、計四詩行から成りたっている。これら五群の名称は、1を除くほかは、それぞれの群の首章の第一頌の首語に因んだもので、1のみはヤスナ第二十七章十三節の祈禱句（一九二ページ註264参照）「教え人として望ましいように ya ā ahū vairyō……」に因んでいる。このアヴェスターの『ガーサー』について、よく引き合いに出されるのは、仏教経典の『ガーターGāthā』すなわち『偈頌《げじゅ》』のことである。ガーターもガーサーも結局は同じ意味で、前者が偈頌なら後者も詩頌である。ところで、仏典の偈頌は長行《じょうごう》（散文）で説かれたことを要約したり強調したりするのに用いられるところから、アヴェスターでも、もともと説明の部分に相当する散文があって、ガーサーなる詩文の部分は、それのレジュメなどにあたるものだという考え方もあった。つまり、散文の部分が失われたのが今のガーサー・テキストだというのである。しかし、この考え方は絶対的なものではなく、それの論拠となっていたデータも、全く別の考え方が可能なのである。また、ガーサー諸章の順序を入れかえて、成立順位をクロノロジカルに復原しようとする試みもあるが、得られるところは何もないのみか、現行本のままで、十分に前後の脈絡を把握することができるのである。

では、このガーサーの言語はいかなるものか。地理的位置づけはさきに筆者が試みたが、それ以外の諸問題がいくつも残されている。筆者はこの言語をさきにガーサー語とか、ガーサー・アヴェスター語とよんだ。どちらのよびかたも、アヴェスター語のなかに特異な位置を占めていることを物語るもので、大まかな言いかたをすると、アヴェスター語は、古体・新体の両アヴェスター語にわかたれる。そのうち、古体語の方はガーサー（・アヴェスター）語のことで、ガーサー以外のアヴェスター諸部の言語を新体アヴェスター語とよぶのである。この両者を区別する言語現象として一連の音韻・文法形態・シンタックス・語彙などをあげることができるが、ガーサー語自体のなかにも不統一なところがあり、なかには新体の方にかえって古体とみられる現象が見うけられたりするので、古体・新体といっても問題はそれほど単純なものでないことがわかる。

つぎに、そのようなガーサー語は、ガーサーが述作された時期に日常話されていたことばと、どういう関係にあるかということであるが、すくなくともガーサーが詩文であるからには、話しことばそのものでないことは自明の理である。一般に言われるところによると、リグ・ヴェーダやホメーロスの言語と並んで、「詩人の用語」の一環をなすものとされている。しかし、リグ・ヴェーダなどとは異なって、ガーサーは、特定の個人がその信徒にたいして行なった個性的勧奨を随所にちりばめており、また日常の生活語彙から明らかにとり入れられたとみられる要素（たとえば四四・八「善来」や四六・一四、四九・九「善哉」。「善来」āgəmat.tā は「よくぞ来られた」という挨拶、「善哉」yāhī は yā-ahī- で

「ばんざい」というかちどきの呼号）を含んでいたりするので、ガーサーは詩文ではあっても、聴者にも理解されうるものを有したはずであり、またそうでなければ、ガーサー述作の意義の大半は失われるのである。が、それと同時に、ガーサーの特色は、そうした信者への呼びかけ、勧奨にもかかわらず、その述作者はつねに、おのがそうした呼びかけ、勧奨はもとより、あらゆる心情の告白をも神の前に披瀝し、いわば神の允許《いんきょ》認証を乞うことを忘れていない点にある。神への祈願そのもののなかに神への呼びかけのあるのは当然であるが、そのような祈願でないにもかかわらず、ガーサーの述作者は、不断に神への呼びかけをくりかえしているのである。ガーサー述作の目的が祭式用として詠唱するためであったとしても、述作の心的過程においてこのような要因がたえず働きかけていたことは特に注目さるべき点で、ガーサーはかかる意味において、信者への勧奨や訓戒を有しているにもかかわらず、述作者の神との対話、もっとつきつめれば、神の前における、彼のモノローグ、ソリロキーであるとも言いうるのである。

　では、そのガーサーの述作者は、と問われれば、筆者はちゅうちょなく、それはゾロアストラ（ザラスシュトラ）であると答えたい。もっとも第五十三章は、「彼の手になるものとしてのガーサー」からは、除外するほうがよい。そこでは、かれはすでに在世していない人として言及されているし、文法形態にも新体語形が登場し、語彙にも開祖の精神とのへだたりを見せるものがある。それにしても開祖歿後間もない時期の作成にかかるので、

『ガーサー』の終章を画しても、それだけの意義はあろうというものである。かかる終章を除けば、ゾロアストラは、ガーサーにおいて、しばしば第一人称で登場する。彼はみずからザオタル zaotar といっている（三三・六）。これは、ヴェーダのホータル hotar (hotr̥) に相当する。それは、祭主から布施をうけて神を勧請する祭官のことであるが、ゾロアストラは自身のみこの呼称――神に訴願しうるザオタル――に値いするものとの自覚を有していたように思われる。そして彼はかかるザオタルでいて、またウルシ erəši であるとも言っている（三一・五）。ウルシとはヴェーダのリシ r̥ṣi と同じく、霊能をそなえた詩人の意味である。ゾロアストラはこの二つを兼ねて、あるいは新鮮な詩法を駆使し、あるいはドラマ的手法を用いて、人に迫り神を動かそうと試みている。彼の詩型がヴェーダや新体アヴェスターに見られないものであると同じく、そこに盛られた彼の思想傾向も全く独自のものである。

ガーサーにみられる主神はアフラ・マズダー Ahura Mazdā。かれはまたマズダー・アフラとよばれたり、また単にアフラとかマズダーとかよばれることもしばしばであり、また時にはこれらの二語が他の語によってたがいに引きはなされたりもする（最後の場合は訳文ではアフラ＝マズダー、マズダー＝アフラなどとして、アフラ・マズダーなどと区別した）。要するに「(一切を)知り給う Mazdā 主 Ahura」という意味に帰着し、この最高神の神徳を示すことばである。この主神に陪接する神格として、(1)スプンタ・マンユ

Spənta Mainyu「聖霊」、(2)ウォフ・マナフ Vohu Manah「善思」、(3)アールマティ Ārmaiti「随心」がある。「聖なる」とは単に神聖であるばかりでなく、恩寵的であることを意味し、(3)にもしばしば冠称されて、スプンター・アールマティ Spəntā Ārmaiti「(女神)聖アールマティ」ともよばれる。これら(1)(2)(3)は主神のアスペクトとみられたり、その別神または分神とみられたり、大天使とみられたりするものであるが、いずれにしても、主神の活動はこれらを通して行なわれるのがしばしばである。なかでも(1)はアフラ・マズダーと同等であるとさえ言われており(三二・七)、のちになると、アフラ・マズダーと同一視されるようになる。また、(2)(3)は同時に、神や人の徳目をも示すので、ときには、神格を示すのか徳目を示すのか、決定しがたいこともある。このほか、これらの神格を示す中の形容詞が、しばしば、先述のごとき原級でなくて、最上級であったりする。つまり、(1)がスプーニシュタ・マンユ Spəništa Mainyu「最も聖なる霊」、(2)がワヒシュタ・マナフ Vahišta Manah「最善なる思惟」となってあらわれるのである。しかし訳者は、かかる場合でも原級の形を保持して、それぞれ、(1)「最勝のスプンタ・マンユ」、(2)「最勝のウォフ・マナフ」とした。

これらの神格に関連して、シンタックス上注意すべきことがある。それは、彼らのうちのいずれか一つが第二人称として取り扱われるときは、当然「御身」として表現される。しかるに同じセンテンスのなかで、第二人称複数たる「御身たち」というのが並出し、しかも、いずれの神格が該当するのか何も表示されていないことさえある。かかる「御身たち」とは「御身」として取り扱われた神格のほかに、他の神格がそこに含意されて複数形として仰がれるわけで、単一なる神格を敬語法として複数的に表現したりするものではない。また注目すべきは、かかる意味での敬語法には属さないが、筆者によれば、当然敬語法として取り扱われるべき第二人称代名詞形が存し、と同時に卑語法として取り扱われるべき第一人称代名詞形が存する。かかる場合には「御身さま」、「御身たちさま」「わたくしめ」と訳してそれを明らかにし、また、一文の主語としてかかる代名詞形が含意さるべき場合には、それを〔 〕内におさめて示した。

さて、はなしがやや本筋をはなれたので、前述の陪神にはなしをもどそう。そうした陪神のほかに、さらに頻出する主要なものを挙げると、(4)アシャ Aša「天則」、(5)クシャスラ Xšaθra「王国」、(6)ハルワタート Haurvatāt「完璧」、(7)アムルタート Amərətāt「不死」がある。ガーサーによれば、(4)は主神によって創造された理法、法則であり、正しい秩序であるが、逆に主神はこの法則によって自身を律するから、彼は、この天則に従う民と同じく、「義者 ašavan」なのである。この法は此界ならびに他界における、すべての法世界を律し、最終かつ永遠なる法をも包摂する。この法に従って生活するものは真理に従って生活するものとされる。このように、「アシャ」は天則であり、真であり、義であり、法であって、ゾロアストラの教義の中核をなす概念として、ガーサーには一六二回以上も出てくるし、「よき天則」「最勝のよき天則」なる表現もみられるようになる。しかもほとんどが擬人化されていない（擬人化されている少数の場合でもドラマ的手法のためとみられる）し、徳目（この場合は「正信」と訳しておく）として用いられることもまれである。このアシャの対極はドゥルジ druj とよばれ、しばしば擬人化される。それは虚偽であり、「不義」であり、非法であって、それに従うものは、「不義者 drəgvant」として「義者」に対立する。ドゥルジは、スプンタ・マンユの対極たるアンラ・マンユ Anra Mainyu「破壊霊」の下す法や命令である。因みにアシャ――ドゥルジはそれぞれ、ヴェーダのリタ rṭa――ドゥルフ druh と対応する語である。(4)アシャのような抽象概念として擬人化されることの少ない点は(5)――(7)も同様である。(5)はアフラ・マズダーの王国として、その大権・権能一切を内包し、多くの場合、他界的存在として把握され、義者は死後、この王国にある(6)「完璧」、(7)「不死」に「到達する」。「完璧」とは haurvatāt を直訳した語であるが、訳者はこれが最も完璧な訳語であることを主張したい。要するに、「完璧」とは心身共に欠けるところなき完《まった》き状態――此界には求めて得られぬ境地を他界に理念として要請したもので、病・苦・死等々からの完全離脱は、他界に期するほかはなかった。「不死」とは一般に他界（善悪にかかわらず）の特徴的メルクマールとされていた。これら(1)〜(7)のうち、(1)は「七章のヤスナ」からすでにアフラ・マズダーと同一視されはじめてついに両者は同一となり、(2)〜(7)時には(1)すなわちマズダーまで加えて、これをアムシャ・スプンタ（不死者にして聖なるもの）、スプンタ・アムシャ（聖なる不死者）とよぶようになる（aməša spənta）。かかるアフラ・マズダーの王国は楽土であり光明土であり歓喜の国であって、苦土・暗黒土・悲嘆の国としての悪界と対立する。前者においては完璧不死がその食物とすれば、後者では悪《お》心を催す悪食が供せられる。この最勝界は、「よりよきもの」「よきものよりもよりよきもの」「ウォフ・マナフの家」などとも表現され、悪界は「悪しきものよりもより悪しきもの」「不義《ドウルジ》の家」「最悪のアカ・マナフの家」などとも表現される。「アカ・マナフ Aka Manah」すなわち「悪思」とはウォフ・マナフの対極であるが、それは、アンラ・マンユの別称としてもうけとられる。もちろん、ゾロアストラは最勝界の楽《らく》を多く説いて信者を鼓舞する。すなわち、その楽が信者の前にあらかじめ開示（ādā-）されることを、かれは求めているのである。ādā- の語根は dā（y）「見る」に求めるべきである。訳者は、上述した(1)—(7)を訳出する際、原名を片仮名書きで表わしたものは、神格ないし擬人化されていることを示し、さもない場合は、すでに挙げた訳語を用いて、両者の別を明らかにした。しかし、その別は微妙なものがあって、決しがたい場合のあることにも読者は留意願いたい。

　さて、その信者のうける苦楽の果であるが、これを感受する主体は、各自のもつダエーナー daēnā「我」であり、ルワン urvan「魂」である。両者は同一でないとしても、その関係は不離のものらしい。ダエーナーは人間から可見的要素を捨象してもなお個性として残存する不可見の要素、人の別身として存在しうる要素である。人間の霊質として神はまずこれを創造したとあるとおり、人間が教化をうけたり誘惑をうけたりする主体はこれであるから、ゾロアストラは、しばしば、ダエーナーに言い聞かせるというようなことばを用いている。これにたいし、神々のダエーナーは、そのまま「教法」として展開する。ゾロアストラの手になるものとしてのガーサーでは、四九・六（一八六ページ註178参照）一個所にすぎないが、第五十三章からは、ゾロアストラのよき教法《ダエーナー》などの用語が見えはじめ、のちになると増加の一途をたどり、よきダエーナー、マズダーをまつるダエーナー、マズダーをまつるよきダエーナーなどと表現され、中世ペルシア語では、それぞれ、vēh dēn, dēn i māzdēsnān, vēh dēn i māzdēsnān などと称せられている。さらに、ダエーナー、デーンは広く宗教一般の意味でも用いられるようになった。本稿では「我」としてのダエーナーはそのまま表現し、「教法」の場合は「教法《ダエーナー》」とルビつきで示すことにした。とにかく、ダエーナーは不滅のものと考えられていたが、これにたいし、気息とともに滅するものはウシュターナ uštāna「寿命、命数」といわれる。苦果をうけるか、楽果をうけるかは、各人の自由な「選取、えらび」によって決定される。「選取」のことはガーサーの随所に見出される、例えば、三〇・二、三〇・五、三一・九、三一・一〇、三一・一七、四五・一および四五・二などがそうである。正しい「選取」による善思善語善行と、反対の誤れる「選取」による悪思悪語悪行が、果をわかつ決定的契機となる。時によって善悪動揺して浮動であるがごときは「選取」を誤ったものであるから、それはけっきょく、誤れる「選取」に属する。従って人間は善か悪かの二者撰一の前に立たされ、善悪等混はゾロアストラの教義においては、ありえないのである。

さて、人間の寿命・命数がつきて、肉体と我・魂との分離がおこると、後者は「検別者の橋、チンワントの橋」Činvatō pərətu なるものを通過する。のちになるとこの橋は「検別橋、チンワト橋」Činvaṯ.pərətu となったが、ガーサーではこの形は見出せない。検別者、善悪をわかつ者がだれをさすかは問題であるが、この橋自体が裁きの役を演じることはたしかである。しかし、人間は生前すでに善悪いずれかに属し、死後いずれの果をうけるかを、自身の身・語・意の三業《ごう》、別言すれば、自己の「選取」のいかんによって決定しているはずである。そうしてみると、この橋はその事実の確認に法形式を付与したものとみることができる。もっとも、このほかにも、裁判に関係のある法行為が指摘される。すなわち、この裁決の基礎を、(1)アフラ・マズダーの記憶に託された人間の善悪行、(2)主《しゅ》の宝蔵（一八二ページ註128参照）に預托された人間の善悪行、(3)主の帳簿に記入された人間の善悪行、のいずれかにおくものである。しかし、これらは、実際の商慣習や法行為を援用して、アフラ・マズダーの全知を別の面から顕彰するものと考えることができる。

ところが、チンワントの橋によるものにせよ、その他によるものにせよ、それらは、いわば個別裁判として、死後、人それぞれにたいしてくだされるものであるが、そのほかにもう一つ裁判が存していたようである。ゾロアストラ教によると、個別裁判そのものにしても、上に述べたものとは、かなり異なっているが、それにもまして異なるのはもう一つの裁判で、ゾロアストラ教ではまさしく総審判とよばれるに値いするものである。それによると、灼熱の熔鉱が全地をおおい、死者も復活させられてこれを受けねばならぬとされている。しかし、その熔鉱は罪をきよめる手段としてのみ機能するから、いわば、罪の有無を判別する神判（ordeal）としての熔鉱の性質は依然として失われていない。筆者は、このゾ教の総審判における熔鉱の役割を顧慮してガーサーにおけるそれに及ぶと、個別裁判のほかに、やはり、もう一つの裁判を措定してもさしつかえないと考えるようになった。しかし、それは総審判とよぶにはふさわしくないので、終末裁判とよぶことにしたい。ゾロアストラにおいては、個別裁判の結果は永久にかわらない。判決後罪を償って赦されることは決してない。天上の果《か》は永遠につづき、悪界の受苦もまた無期である。従って、この果をすでに享《う》けているものは終末裁判の対象とはならないはずであり、従って、これを受けるために復活する必要もない。終末裁判の対象となる主要なものを、ゾロアストラは、rāna「戦者、軍」とか spāda「軍勢」とかいう語であらわしている。善悪双方にわかたれて対極するからで、双数（両軍）で出てくるのが普通である。その軍を善軍と悪軍とにわかつのは熔鉱とか火とかによるとされている。この軍の構成には、終末裁判のときに生存しているすべての庶類が関与する。かれらは世界の終末に際し、生きながらにしてこの裁判をうけ、善悪に応じて長く苦楽の果をうけることになる。火は天則によって力あるものとされているように、アフラ・マズダーの、正邪をわかつ正・義の可見的顕現として特に重要視された。火はアフラ・マズダーの子であるともされ、これを通して主を崇敬するゾロアストラ教徒が拝火教徒と呼ばれるのも、理由のないことではない。神判には古来、火や熔鉱、熱湯など、いろいろなものが使われた。罪の有無をためされる人物は、そのなかをくぐったり、それを身体にあびたりして、それに耐えることができて「免出」すれば、潔白を証明されたことになる。ガーサーの終末裁判においても、この本質は依然として保たれている。それゆえに、ゾロアストラは、その神判にたいして、耐久力・持久力をアフラ・マズダーに願っている。もちろん、このことは、罪者がただこの力のみにたよって罪なきものとされるのを求めるのではない。

ところで、われわれがガーサーを読んでみると、個別裁判と、このいわゆる終末裁判とが、截然と区別されずに言及されているかのような印象をうける。場合によっては、個別裁判にたいしても火が用いられるのではないかという印象さえうける。しかし、両裁判がこのような取り扱いをうけているのは、ゾロアストラにおいては終末裁判の時期が、ゾロアストラ教におけるように、はるかな年所を隔てた未来におかれてはいなかったからであろう。ゾ教においては、ゾロアストラの千年紀ののち、三つの千年紀がつづき、各千年紀にサオシュヤント saošyant がひとりずつ出現するとされ（一九四ページ註280参照）、その最後のサオシュヤントの千年紀に復活・総審判・世の建直しが行なわれるとする。それゆえ、最後のサオシュヤントが最も重要な役割を演じるわけで、この第三サオシュヤントには本名（一八一ページ註105参照）が厳存しているのに、それは用いず、ソーシュヤンス Sōšyans、ソーシャーンス Sōšāns（共にサオシュヤントの中世語形）などと呼ぶようになった。本来はサオシュヤントとは「（庶類を）利益《りやく》するであろう者」との意味で、語形からみても未来分詞である。つまり、その点において、終末論的意味をはずしては考えられないことばである。このサオシュヤントは、もちろん、ガーサーにも六個所に出てくる。複数形でも出てくるが、ゾロアストラ自身もみずからを指してサオシュヤント（単数）といっているのは、特に重要である。このことからでも明らかなように、ガーサーのサオシュヤントたちは、上述した三人のサオシュヤントのごとくに限定されたものでなく、ゾロアストラの所説を実践する人々のなかのチャンピオンをさして言っている。終末論的であるにしても、ゾロアストラにおいては、終末は彼自身の存命中にも、あるいは、彼とともに在世している人々の存命中にも、いな、明日にでも到来するかもしれなかったにちがいない。個別裁判と終末裁判とが混然と取り扱われているようにみえたり、終末論的サオシュヤントがゾロアストラ自身であったり、彼とともに活動している人々をも含むものであったりするのは、このためであると考える。そしてゾロアストラはその終末を「終末の一周 apāma urvaēsa」とか「重大な走行 maz yāh」（走行中の最大なるもの、というのも同義）などとよんでいる。apāma- とは apa-「のちの」の最上級である。同じ apa- の比較級たる apara- が単なる現世的未来、せいぜい個別裁判に関連した他界的未来を示すのにたいし、apāma- は、最終・究局的未来を示す語である。ひとしく他界に関連しても、apara- と apāma- には、それほどの大きな差がある。ところで、そうした apāma を用いた「終末の一周」ということばであるが、これはスポーツ用語である。東イランでは馬による兵車競走が盛行した。林道をきりひらいてレースコースをつくり、それを九周し、勝者は名声を博し、賞（mīžda-「報償」）をうける。終末の一周とは、要するに最後の追い込みに入るコースである。報償（mīzda-）といい、報償に辿りつく（urvaǰ-）といい、先頭切って（fəraša-, paouruya-）といい、先着する（zā-）といい、みなこのスポーツと関連したものである。

さて、いずれの裁判によるにしても、各人のダエーナーやルワンが善悪の果を享受する世界は、此界でなく他界である。此界は第一の世界、有象《うしよう》の世界ともいわれ可見の此土をさし、他界は第二の世界、心霊の世界、霊界ともいわれ不可見の彼土をさす。顕界と幽界である。アフラ・マズダーは万有を無象不可見の霊質をもって創成し、ついでそれを有象可見の顕質として展開した（三一・一一）。言うなれば、両裁判を契機として、世界は一面において、この創造の始元に回帰することになる。そして、身語意の三業《ごう》が善悪すべてに応報をうけるのは、ガーサーによれば、そのいずれをも主は報応（aši-）や報償

(miždа-) をうけるように定めたからである(四三・五)。だから、これらの語は、いずれも、善悪双方にたいして用いられる。なかでも報応(aši-)は重視されて、しばしば擬人化されている。これにたいし、善報としての果のみについては、savah- やその派生形が用いられる。「恩賚《おんらい》」であり「利益《りやく》」であり、かのサオシュヤントの語根とも通じる語である。この「定め urvātā」はアフラ・マズダーの定め、諸陪神の定めとして、しばしば言及され、ドゥルジの定めとは全く対立する。ドゥルジの定めとは、不義者には善報があり義者には悪報がある、とするからである。もちろん、報応や報償が此界のものとして言及されることもあるが、その場合でも、他界のそれとの密接な関連が明示されたり暗示されたりするのである。

ゾロアストラによるガーサー述作の目的は、さきにも述べたように、祭文用であったとしても、述作の過程にあたって彼を支配したものは、神の前におのが心情を告白することであった。彼は、それゆえに、ガーサーにおいておのが教義を組織的に説いたり体系的に述べたりすることはしなかった。彼の教義を一等資料たるガーサーからでさえも体系的に知ることのむずかしいのは、そのためである。ガーサーは、彼の教義をあらかじめ知っているものにこそ理解されるテキストであるといえる。しかしそれでも、彼の教義の大綱なら、ガーサーから組織することができる。彼の教義の中核をなすものは、上述した他界等償応報の観念であるが、善報に浴する義者とは、要するに、アフラ・マズダーを至高者と認め、ゾロアストラの説く主の教示に献身精進し、その勧説する定着農牧生活を受容するもののことであり、これにたいし、長苦に沈んで出期なき不義者とは、義者とは対極の生活規準に従うもので、掠奪経済に依存するノーマドであり、特殊な儀礼をもって牛を屠殺供犠する。その神事には酒が重要な役割を演じ暗所が好んでその場所として用いられた。彼らの崇めるものはダエーワであるが、なかでもアエーシュマ Aēšma とよばれるダエーワは、バッカス祭的屠牛の狂態を擬人化したものとして、大きな役割を演じている。彼は明らかにダエーワの頭目である（三〇・六）。

そもそも、ダエーワ daēva というのは梵語 deva と同じ語で、もともとは一群の神々を指称する。こういう意味でのダエーワは、「daēva と mašya」＝梵語「deva と martya」、すなわち「神と人」「天と人」という表現のなかに、ガーサーではなお認められる。しかし、のちになると、この表現においてさえも、そのダエーワは悪魔の意味で理解されるようになった。それほど、イランではダエーワは悪魔として古くから理解されている。ダエーワは、ガーサーによれば、選取を誤ったために「悪魔」になりさがったもので、そのかれらを崇めるものもまた不義者とされた。筆者はかかるダエーワを、ダエーワとしたり、悪魔、魔などと訳したりした。ゾロアストラによるこの取り扱いには、さらに詳説しなければならぬ事情があるが、今はことごとく割愛したい。とにかく、こうした旧来のインド・イラン的神群にしてダエーワ（デーヴァ）とよばれるものを崇拝する人々は、ガーサーによれば、アフラ・マズダーの敵人であり、建設は行なわずに破壊のみを事とする。彼らの最高神はアンラ・マンユ（上説）で、破壊の根本原理、一切悪の根源として、スプンタ・マンユに対立する。もっとも、かれには、ガーサーでは、アンラ「破壊的」のかわりに、アカ aka「邪悪な」、ドルグワント drəgvant「不義的」のごときエピテートが用いられるし、またガーサーではしばしば mainyu が manah のかわりに用いられるので、アカ・マナフ aka manah、最悪のアカ・マナフ ačišta manah というのも、ウォフ・マナフ、最勝のウォフ・マナフに対応する概念であるよりも、このアンラ・マンユの別称であると解することもできる。とにかく、この悪原理は、「まよわし」によりおのれを「選取」させることによって悪の王国を成長させる。神が義者によって「成長成熟」し、義者が神によって「成長成熟」するのと同じ行き方である。

反ゾロアストラ、反アフラ的となった要素、親ダエーワ、親アンラ・マンユ的要素として、ガーサーはカラパン僧 karapan、ウシグ僧 usig、カウィ王侯 kavi などに言及している。このうちカウィは、東イランに君臨していたもので、新体アヴェスターにはカウィ・カワータ Kavi Kavāta 以下数人の人名を挙げており、いわゆるカウィ王朝を構成するものとされている。ゾロアストラの時代にはそのカウィは多数いたらしく、小カウィ国が分立していたようである。そしてそのすべてがゾロアストラの教義には与《くみ》せず、カラパンとかウシグとよばれる祭司——かれらの思想傾向を明らかにする資料はガーサー以外には少ない——と結びついて、旧来の宗教儀礼を固執していた。カウィ王侯のうち唯一の例外はカウィ・ウィーシュタースパ Kavi Vīštāspa で、かれはゾロアストラに帰依して、以後かれの不断の擁護者となった。これを喜んでゾロアストラがケシュマルの聖火殿にサイプラス樹を記念植樹したはなしは、イランの大叙事詩シャーナーメに伝えられていて有名。ゾ教伝承によると、時にゾロアストラは四十二歳。三十歳で啓示をうけてから十二年目にして、はじめて確固たる地盤をえた。以後、同王の保護をうけつつ、かれは七十七歳で歿するまで、宣教活動をつづけた。ところで、このウィーシュタースパ王《カウィ》はダーレヨーシュ大王（在位前五二二—前四八六）の父と同名のところから、両者を同一人物とみてゾロアストラの在世年代を推定しようとする試みがあるが、それとは別に、ゾ教伝承によると、アレクサンドロス大王に先立つ二五八年をウィーシュタースパ王の入信とする所伝があり、仮にペルセポリス焼却の年（前三三〇）を起点として二五八年を逆算すれば、王の入信は前五八八年となる。この数字は他の計算法でも近似値がえられる。すると、ゾロアストラの年譜は、

前六三〇年　生誕
前六〇〇年　啓示をうける（受命）
前五八八年　ウィーシュタースパの入信
前五五三年　入歿

ということになろう。彼の生歿年次については意見がはなはだしくわかれ、古いものになると前一〇〇〇年あたりを生年に比当したりする。しかし、概観すると、彼の出生を前六〇〇年以前、またはおそくとも、六〇〇年頃におくというのが大勢のようだ。ウィーシュタースパ王をダーレヨーシュ大王の父と同一人物とみれば、ゾロアストラの生誕は、いま少しく新しくなるであろう。

ゾロアストラをめぐる人物としてガーサーにみえるものは、それほど多くはない。まずゾロアストラ自身であるが、彼にはスピタマまたはスピターマ Spităma なる祖親名がしばしば並記される。同じくこの祖親名を付記してよばれる人物には、マドヨーイモーンハ Maidyōimånha がある。このほか、ゾロアストラの高祖父あたりに比当されるハエーチャスアスパ Haēčat̲.aspa なる人物も家名のなかに登場する。例えば、ゾロアストラの末娘はポルチスター Pouručistā というが、ハエーチャスアスパの裔ポルチスターといわれているのや、ハエーチャスアスパの子孫でスピターマ家のものたち、と一括されているなどがそれである。ゾロアストラの子には、ポルチスターのほか、息子スピターマが名をつらねている。ゾ教の伝承によると、ガーサー終章（ヤスナ第五十三章）はポルチスターとジャーマースパ（Dǝjāmāspa ―― 一応ガーサーではジャーマースパ J̌āmāspa と同じもの）との結婚に関連するものとされているが、この人物は、そのきょうだいフラシャオシュトラ Frašaoštra とともに、フウォーグワ Hvō.gva 家の出身。ゾ教伝承は、ウィーシュタースパ王の宰相としてのジャーマースパに超人的霊能を付与しているが、ガーサーではそのようなことはない。最後に挙ぐべきはトゥランのフルヤーナ Fryāna であるが、ガーサーの関するかぎりでは、この人物の子孫から多くのゾロアストラ者が輩出した、というにとどまっている。このような一連の群像にたいし、反ゾロアストラ者として名をあげてあるのはブーンドワ Bāndva とワエープヤ Vaēpya ふたりにすぎない。ともに詳細は不明、殊に後者はクウィーナ kavīna「似而非《えせ》カウィ」という蔑称が冠されている（五一・一二）か、ワエープヤが人名か、単なる侮蔑的形容詞かも明らかではない。

これまでにあげた親ゾロアストラ者のなかで、ウィーシュタースパ王は特に注目される。それというのも、かれは偉大なる「マガ maga」に与《あずか》り（四六・一四）、このマガの力で「チスティ čisti」に到達した（五一・一六）とあるからである。マガをもつもの、それに与れるものは「マガ者 magavan」（三三・七、五一・一五）といわれる。そのマガとは古来難解の語で、いろいろな語義・語根が提唱されているが、筆者によれば、恍惚・陶酔・入神、さらには、そうした心理状態のなかに感得される超自然的な力、法力《ほうりき》をも意味するのではないかと考えられる。かかるエクスタシーに入ってウィーシュタースパはチスティ「天眼《てんげん》」を得たのである。「天眼」とは五一・一六によればアフラ・マズダーの創造した観見的霊能である。ゾ教ではこのチスティや同義のチスター čistā は女性的に擬人化されるようになる。マガ者とは、かかる境地に入りうるか、かかる力を体得せる人々のことである。こういう境地に入る手段としては別に記すべきものがあるが、今は割愛したい。このマガ―マガ者は頻出するほどでないが、これらにくらべると、vidvå と viduš（共に主格形で示す）は在証個所もはるかに多い。筆者は「穎悟《えいご》者《しゃ》」と訳した。アフラ・マズダーもまた「穎悟者」である（三一・一九）。マガ者が直覚的把握者であるとすれば、穎悟者は悟性的論理的把握者であろうか。vidvå—viduš は文法形態としては vid-「知る」の完了分詞である。一般には「入門者 initiated」と解されているが、穎悟者もまた他界の歓喜を観見する能力をそなえている（三〇・一）点は注目されてよい。マガ者と穎悟者が入信者の宗教的経験の深浅を示す層位語であるかは不明であり、また、ゾロアストラが重要な語詞に正確な概念規定を与えずに使用している点も考慮する必要がある。先述のマナフ manah とマンユ mainyu とが同義的に使用される例などもそうで、こういう点からみても、ガーサーはゾロアストラが自身のテオロギアを体系的に説いたものでないことがわかる。

これらのわずかな語をみても、ガーサーがきわめて難解であることがうかがわれるであろう。マガ一つにしても詳しい論証を経なければならないし、異見や学説も挙げなければならない。しかしこの「全集」は、そのような場でもなかろう。ガーサー解釈上の難点は、おおづかみに言うと、シンタックスと語彙にある。意見や解釈がさまざまにわかれ、これまでに出た多くの翻訳が、全般的にみて、一つとして一致していないのもそのためである。ガーサー研究に一致をみている点といえば、どの翻訳も一致していないということである。

筆者によるこの翻訳も、全般的にみて、従来のどの翻訳とも一致していないという点において、学界の趨勢にピタリと一致している。はなはだしく異なる点は、言語学的註のはなはだしく不足していること、学説を全く挙げていないこと、などであるが、この全集の性質上やむを得なかったためである。そういう欠点は、原典を直接解読されうる方には、なんらの不便をもかもさないであろう。

訳文は原則として、原文の一詩行を訳文でも一行に載せて行々相対させた。原文の文体を再現するうえからも、この試みは意義があると考えたからである。しかし詩行の順位が原文と異なることのあるのはやむをえなかったが、特に記しておきたいことは、一詩行がa bに二分され、その音節数もaとbでは異なる点である。それで、例えば二個の詩行1a 1bと2a 2bとを訳出する場合には、時として訳文では1a 2b—1b 2aなどとした。しかし1a 2b—1b 2a形式は採らなかった、けだし、原文の一詩行の音節数は成るべくそのまま存置して訳出することを試みたからである。また訳文中〈 〉の部分は原文では削除さるべき部分たるを示し、〔 〕でかこんだ部分は筆者による補筆である。註は最少限度にとどめ、この「解説」で触れたことは、ことごとく註からは省くことにした。さらに、訳文は、原文の「詩文」たることをいささかでも再現しようなどとは少しも意図しない、全くの口語文である。誤解をすこしでも少なくしたいと思ったからである。

＊　＊　＊　＊　＊

アヴェスターをゾロアストラ教中心に抜萃する方針に従って、筆者は、以上のガーサー諸章につづいて、ヤスナ第三十五―四十一章、いわゆる「七章のヤスナ（Yasna Haptanhāiti)」と総括されるものをとった。これには実際に、第四十二章がさらに加わっているが、この「七章のヤスナ」には、ゾロアストラの精神が、まだ後代のごときはなはだしい合揉を示さずに脈打ってはいるが、すでに開祖との距《へだ》たりもまた否定しえない。それにつづくヤスナ第十二章は初期教徒の信条告白文として、そのあとに出した諸祈禱句（一部は「七章のヤスナ」に引用されている）とともに、「初期ヤスナ書」として重視したい。抜萃上の問題は、それに後続する諸部であるが、筆者はまずウィーデーウダート第十九章を全訳した。というのは、この章は一部において「除魔法」書たる性質を明示してはいるが、ゾロアストラが実際にうけた宗教経験の一齣を伝えているとみられるからで仏陀伝における「降魔」、キリスト伝における「サタンの誘惑」に比較さるべきものである。しかし、そうした一齣のなかにも、この章は、人の死後における運命についても触れている。そこで筆者は、ゾロアストラ教におけるこのテーマを細叙したものとして、ハーゾークト・ナスク第二章を挙げることにした。その次は、ヤスナ第九―十一章をもって抜萃の結びとしたが、これにも、わけがある。この三章はハオマ haoma を取り扱ったものであるが、ハオマというのは、ヴェーダのソーマ soma に対応するイラン語形である。それはアルコール性飲料であり、またそれの醸造原料たる一種の植物であるが、この三章では神格化されてもいる。エピテートとしてドゥーラオシャ dūraoša なる形容詞がしばしば用いられる。ドゥーラオシャはゾ教伝承では「死を遠ざけるもの」という解釈で統一されており、今もこの解釈は一般に支持されている。しかしまた、異論もあって、真の語義は「味の苛烈なもの」であるともされている。ガーサーにはこのエピテートだけが出てくる（訳文（三二・一四）。難解な個所なので、ドゥーラオシャが端的にハオマ酒をさしている（訳文ではこの意味が含ませてある）のか、あるいはゾロアストラが通俗語原説を弄し「燃えにくい dur-vaxš-」もの（例えば大麻《マング》）と故意に解し、それを「燃やすもの」というふうに取り扱ったものか、明らかでなく、このほかにも筆者はこの個所にたいする、これらとは異なった解釈を付与することもできる。ゾロアストラ自身は、ハオマを神事に用いることを全面的に禁止したと、筆者は考えてはいない。ハオマ酒の狂態的使用、つまりキチガイ水・汚水としてのその一面を排したのである。しかし、この酒が神として宗教的儀礼の対象となるのは、ゾロアストラの精神ではない。ただ、困ることは、アヴェスター語が「まつる」も「敬意を表する」も、すべて yaz- という動詞で示すということだ。「七章のヤスナ」以来、この語が一番われわれをなやますのである。これをギリシア語に訳したものを「供犠する」とだけで訳了するのは、問題を残すであろう。ところで、ヤスナ第九―十一章であるが、これはホーム・ヤシュト Hōm Yašt の別称を有している。ホームとはハオマの中世ペルシア語形、ヤシュトとは、上述したように、章ごとにそれぞれ特定の神格が讃歌をうけ攘災招福を願われるのであるが、そこには古代イランの伝説上の英雄たちがこもごも登場して、叙事詩的色彩を付与している。ところで、このホーム・ヤシュトでも神としてのハオマを中心に、やはりそのような幾齣かがみられる。ヤスナ書ではあるが、十分にヤシュト書的性格をそなえている。そういう点を考えて、ヤシュト書からの抜萃にかえるに、この三章をもってし、兼ねてヤスナ書の性格をも示すことにした。

ここに集録したテキスト中、「七章のヤスナ」は散文が基調となっているが、そのほかは刊本でも詩文として取り扱われているものや、詩文に再構できるものばかりである。詩型はガーサーとは異なり、一詩行八音節が普通で、十、十二などがこれに混じている。十、十二音節詩行としても成り立つが、前後の詩型からみて八音節が望ましい場合は、その削除すべき部分は、訳文では〈 〉でかこんでこれを示した。そのほかは訳出法はガーサーに準じ、行々相対を原則としたし、付註の範囲もすべてガーサーの場合に従った。

＊　＊　＊　＊

筆者は、古体ヤシュト書から少なくとも二、三章を用意し（ゾロアストラの立てた諸神格やかれの用いた諸抽象概念等々のインド・イラン的背景を明らかにするうえからは、きわめて重要である）、中世ペルシア語文学からは叙事詩『ザレールの行伝』ほか一、二篇、アヴェスター逸文に基づく宗教文学として『ザント・イ・ワフマン・ヤスン』ほか一、二篇を全訳したが、浄書の時間不足などのため、すべて割愛せざるをえなくなった。

文庫解説

前田　耕作

釈迦の歴史的存在を疑う人は少ないが、ゾロアスター教の宗祖の実在に関しては諸説あっていまなお混沌としている。しかしゾロアスター教は存在したし、その教えを奉じた人びとは少なくなく、東アジアへも中央アジアの国際の民ソグド人によってシルクロードを縦横に活用し伝えられた。ソグド人の主目的は商業活動であったが、どの人間も家族の営みの中で自然に身につけた信仰や思想をその移動地へともに持ち運んだのである。そして赴く土地の先々に居留地を設けては、異国の商業の中心地である首都に一歩一歩近づき、踏み込んでいった。やがて洛陽にも長安にも生活の拠点を築き、伴い来たった宗教の祈りの場を設け、そしてそこで満ち足りた人生の終焉を迎える者も少なくなかった。

近年、太原や西安で発見・発掘され世界の注目を浴びたソグド人の墓が、史書の伝える彼らの活動とその信仰の内容をはっきりと裏付けてくれている。康大農墓（洛陽）、史君墓（西安）、安伽墓（西安）、虞弘墓（太原）らがそれである。

唐の徳宗の時代、九世紀の初頭、空海が長安の青龍寺で学んでいたころ、この都のあちこちに祆祠（ゾロアスター教の寺）があり、喇嘛《らま》廟あり、摩尼《まに》寺あり、長安はさながら羊中にあった。

の群れのざわめきのように「あるがままの多」（ミッシェル・セール）の生成のまっただ

祆祠では「祈禱」「拝火」がおこなわれたが、なぜか「火祆教経典」のみは翻訳もされず、またされたという伝聞も残されていないという。しかしまったく経典がなかったというわけではなさそうである。『魏書』（巻一〇二）の康国（サマルカンド）の条に、「律書があってつねに祆祠に置かれている」と記されているからである。「律書」とは『アヴェスター』経典の中にみえる「除魔法書」（ウィーデーウダート）のことであったと思われる。明らかに書かれた「胡字」がマニ教と同じくソグド文字であったのかどうかは不明である。明らかにゾロアスター教のものであるといえる文献はまだ見つかっていない（吉田豊「ソグド語」『世界言語学辞典』所収）のである。

古来祖先崇拝でもあった多神教的なペルシア宗教を、その神学的な骨格は残しながらも一神教的な体系へと大きく作り替えたのは神官ザラスシュトラ（ゾロアストラ、ゾロアスター）である。このザラスシュトラによる新しい神学形成の力学の形相を解き明かしたのはフランスの比較神話学者ジョルジュ・デュメジルであった。彼は『大天使の誕生』（『デュメジル・コレクション』3、所収）の中でザラスシュトラによる「宗教改革とも言える改革」をつぎのように特徴づけた。この改革は「一人の強烈な個性が民族伝来の遺産について深く考察し、自分が受け継いだものをいくつかの新しくかつ簡潔な原理に照らしてその姿を変えたのである」。その主眼は「神はただ一柱」であることを確固として樹立することにあった。そうだとすれば、そこに多神教に結びつけられる体系のいかなる痕跡を求めても無駄と考えられるが、実はザラスシュトラの神学の「もっとも重要にしてもっとも独創的なところ」は、刻印された痕跡を「大天使」「善きことをなす不死者」「抽象的な神霊」に据え替えたことにあると。そしてザラスシュトラの宗教を「歴史的にではなく、神学的に思索する」宗教とし、「信仰の新たなる対象である宇宙の創造主にして支配者たる唯一神の熱烈な分析に哲学的な基盤を加えることで、本質的な事柄を守った」と捉えたのである。

伊藤義教は、イラン学の文献学的研究の重要性を深く認識し、生涯をその進展にささげた博捜の学究であった。「原典研究とその釈義・翻訳」は、微視と巨視、厳密と直感、これらを合わせもちながら、独自のテキスト解明の領域を切り開くものであった。「碑文の言語」の読解から始まり古代ペルシア文学の展開を歴史的に跡づけた最初の単行本『古代ペルシア——碑文と文学』（一九七四年・岩波書店）は、わが国のイラン学の水準の高さをいかんなく発揮したもので、驚きをもって迎えられた。アケメネス王朝の残した重要な碑文、ビストゥン碑文、ペルセポリス碑文、スーサ碑文らの古代ペルシア語、エラム語版の解読とその註釈がどれほど多大な影響を人文学の隣接諸領域に与えたかは計り知れないほどである。

伊藤義教がゾロアスターに関心をもったのは、一九三二年（昭和七年）ごろであったという。そして三年後の一九三五年（昭和十年）三月、アヴェスターの『ガーサー』の副文をリグ・ヴェーダのそれと比較した卒業論文を書き上げた（『ゾロアスター教論集』序にかえて）。繰り返し原典に立ち戻り、基礎を築き直し、さらに想像力を駆使して思索を飛翔させ釈義に及ぶというのが「伊藤イラン学」の特徴といえるが、その粘着性のパトスは最後まで消え去ることはなかった。

一九六七年に出版された辻直四郎編『ヴェーダ、アヴェスター』（『世界古典文学全集』第3巻・筑摩書房）の訳文の後に付された訳者解説（本文庫二〇五―二三八頁所収）で、伊藤義教は「『アヴェスター』とは中世ペルシア語形アパスターク、アヴィスタークなどくずれた近世ペルシア語形で、その古代語形はついに伝わっていない。そういう事情もあってアヴェスターの語義は今なお必ずしも明らかではない。しかしアヴェスターはゾロアスター教徒の聖典として古来保持されて今日に至っており、ゾロアスター教の研究にはいうまでもなく、ヴェーダ文献の研究ないしインド・イラン研究にも貴重な素材を提供するものとして、その価値はけだし不朽である」ときわめて簡潔に記している。ところが『古代ペルシア』（一九七四年）のまえがきでは、アヴェスターという語をこう定義している。「『アヴェスター』とはザラスシュトラ教徒、いわゆる拝火教徒の名称で、深遠なもの、玄典という意味」である。「アヴェスターとは中世ペルシア語アベスターグのくずれた形であるが、この語形だけでは本来の意味はわかりにくいとされたが、そうでもない」とやや立ち入って言及し、さらに日本オリエント学会の機関誌『オリエント』（17─1、一九七四年）に掲載された学会での発表レジュメ、「『Avestā』の語義について」では、精細な註解を展開した。アヴェスターの語義をめぐる短くも創意に溢れたこの考察は、著者の思考の深まりをも感じさせると同時に、分析の手法を開示するものともなっている。この論考はのち『ゾロアスター研究』（一九七九年・岩波書店）に収録された。

「ザラスシュトラ（ゾロアスター）教の聖典がアヴェスターとよばれることは周知のとおりである。アヴェスタと語末を短くする呼び方も見られるが、もとはこれはアヴェスター（Avestā）をうけたものであるから、語末は長音形のほうが原形に近い。そのAvestāというのは近世ペルシア語形であるが、どちらかといえばその古音に属する……中世ペルシア語も古音でよめばApastākであるが、サーサーン朝期にはおそらくAbestāgとよんでいたであろう……この中世語形と近世語形との大きな相違は前者の語末音k/gが後者では脱落していることである。この点はあとで出す批判を理解するためにも、とくに留意しておく必要がある」として、これまでのアヴェスターの語義をめぐって提起された諸説の緻密な言語学的な検証を進める。批判検討の対象として取り上げられた諸説は、バルトロマエ（Barthoromae）、アンドレアス（Andreas）、シュピーゲル（Spiegel）、ゲルダー（Geldner）、ヘニング（Henning）、ニーベリー（Nyberg）、パリアーロ（Pagliaro）、ゲルシエヴィッチ（Gershevitch）、ヴィカンデル（Wikander）、ヴィデングレン（Widengren）、ゴティオ（Gauthiot）、バンヴェニスト（Benveniste）、ベイリー（Bailey）らヨーロッパのアヴェスター学の錚々たる学匠たちの諸論をほぼ網羅するものであった。

語根 upa-stā から Avestā の語義を解き明かそうとする上記の人びとは、アヴェスターを「根本の聖典・本典」と解する説と、「誡命・誡典」と解する説との二説に分かれ、いずれも真義に至っていないと批判した伊藤義教は、得意であった中世ペルシア語の「聖教事典」『デーンカルド』を読み込み、Avestā~Apastāk/Abestāg を語根 apa-stā から誘導し、「（人智から）かけはなれたもの、（人智で究めようとしてもそれを）退けるもの」の意と解き、アベスターグとは「義深遠にして人智では究めがたいもの、玄邃《げんすい》なるもの」の意と解するのが正しいとする自説を対置したのである。こうしてようやく私たちは『古代ペルシア』でアヴェスターを「深遠なるもの、玄典」の意と捉えた言語学的根拠を明かされるのである。

一九七八年末、単行本の二冊目になる『ゾロアスター研究』が七九年に発刊されるまえ、彼は「序にかえて」の一文を巻頭に寄せ、聖典名としてのアヴェスターについて再びふれている。「この聖典名は、順を追って溯れば、アベスターグ、アパスターク、アパスターカとなるが、アベスターグが汎用されていた中世語形で、アパスターカは推定された最古の形で実際には出て来ない。アベスターグ／アヴェスターとは、（人智を）退けるもの、

（人智を）離れて存するもの、というのが、その語源的意味であるが、そこから深遠、玄《げん》邃《すい》なるもの、などの謂いとなるので、著者（私）は玄典とよんでいる」と記している。果てしない知の欲動が「私の読み」へのこだわりをいよいよ深め、思索の襞をそばだてる。

本書の『アヴェスター』は、二十一巻（ナスク）から成っていたといわれるアヴェスター書の全訳ではない。ガーサー・アヴェスター語で残されたアヴェスターの一部、つまり現存するアヴェスターのヤスナの第二十八～三十四章、第四十三章～五十一章および第五十三章の計十七章、いわゆる『ガーサー』（詩頌）とよばれるゾロアスター教の核心を理解するのに不可欠な詩文の訳を主軸に据えて、それに「ゾロアスターの精神」がなお脈打っているヤスナの第三十五章～四十二章からなる「七章のヤスナ」を加え、さらに「ゾロアスターが実際にうけた宗教経験の一齣を伝えているとみられる」ウィーデーウダート第十九章の全訳など、どこまでも教義の座標を把握できるようテキストが抜粋されている。内容についての詳細は力のこもった訳者解説を味読していただきたい。

聖典『アヴェスター』の邦訳はかつて木村鷹太郎によって一九二〇～二一年（大正九～十年）に「世界聖典全集」波斯《ペルシア》教の上下二巻本として出版されたことがある。使用した原本はダルムステテールの英訳、ミルズの英訳、マックス・ミュラーの『東洋聖典集』の当該巻の英訳であった。それでも近年までゾロアスター教に関心を抱いた者にとっては、貴重で有用な労訳であった。数年前、渋澤龍彦の書斎の写真展を訪れたとき、この木村鷹太郎訳『アヱスタ經』上下巻が書架に収まっているのをみてふと笑みがこぼれたことを思い出す。周到な渋澤のことだから、書斎のどこかにダルムステテールのフランス語訳版『ゼンド・アヴェスター』(ギメ博物館年報一八九二〜九三年)を架蔵していたかもしれない。

残念ながら今日に至るまで『アヴェスター』の原典からの日本語の全訳は存在しない。その意味でも、難解をもって世に知られた『ガーサー』、口伝であったがゆえに時間の隔絶によって理解困難になっている詩文の集成、そこにこそゾロアスターの肉声の響きが伝わるというこの幾重にも折り畳まれたテキストにわけいり、テキストを感性に触れる言語に変えて私たちの手もとに届ける伊藤義教の翻訳の意義は、計りしれぬ高さにある。

フランスの言語学者で『アヴェスター』に早くから注目したアントワーヌ・メイエが、このテキストの頁を繰った途端、たちまち読解不能と悟るであろうといったという逸話は有名であるが、多くの学究たちはいまなお論戦をまじえつつこのテキストと格闘している。フランスのケレンス(『ゾロアスターと古アヴェスター』)も、わが国の岡田明憲(『ゾロアスター教』)もまたその一人である。

伊藤義教の仕事が語源・語義の研究やパフラヴィー語テキストの文献学的研究にとどまらなかったことは先にも触れたが、これらの専門分野での研究成果を榊亮三郎の史眼を継ぎ、わが国の古代文化の謎解きに適用し、語音を手がかりに意表を衝く論点を提起したことも記憶されなければならないだろう。ときには「語解」に過剰・行き過ぎがあったとしても、それは、ロラン・バルトのようにいえば「書かれたことの豊かさを内包している」からにほかならない。

世界古典文学全集版『アヴェスター』が、『ペルシア文化渡来考』につづいて、いまいちど「ちくま学芸文庫」に納められ、上梓されることを喜ぶとともに、新版『アヴェスター』が新しい読み手をえて、ニーチェ的飛翔から伊藤義教的奔想のさらなる彼方へと私たちのまなざしをいざなう契機になれば、これほど嬉しいことはない。

そもそもザラスシュトラという名称の語意は何なのか。

それは「老いぼれ駱駝の持ち主」の意でみずから号した「卑称」であったと解し、子にこの名をつけた父の宗教的な熟度を問い、その関係を法然と親鸞の関係に援用した、この「瞬間の体系」(バシュラール)ともいえる学風に、もう残された言辞を通してしか接することができないかと思うと寂しくもある。

伊藤義教は一九九六年十月二十三日、八十七歳の春秋を終えたが、この畏敬すべき知を受け継ぐ上岡弘二氏は、追悼の文を『西南アジア研究』(第四六号・一九九七年)に寄せるとともに、「上岡弘二編・伊藤義教博士の略歴と著作目録」を同誌の第四八号(一九九八年)に掲載した。

以下の著作目録は上岡弘二編の右記の目録から和文のもののみを選択抜粋したものである。伊藤義教イラン学の宝蔵の扉はいまも開かれたままであり、尋ね問う人の来訪をまち

わびている。（二〇一二・五・一一記）

単行本

『古代ペルシア』（一九七四・岩波書店）
『ゾロアスター研究』（一九七九・岩波書店）
『ペルシア文化渡来考』（一九八〇・岩波書店）（二〇〇一・ちくま学芸文庫）
『対訳正信念仏偈』（一九九四・京都中外日報社）
『ゾロアスター教論集』（二〇〇一・平河出版社）

論文

祆教における善悪行の記帳について『西洋古典論集』（一九四九・創元社）
祆教所伝ヤマ譚の一特色『印度学仏教学研究』1―2（一九五三）
Yima の x^{v}*arənah* 三翔について『印度学仏教学研究』3―1（一九五四）
広本『ブンダヒシュン』におけるカイ・カワード遺棄物語の詩形再構について『言語研究』26／27（一九五四）
イマと太陽『東方学論集』3（一九五五）
アルタクシェール公伝の宗教史的一背景　京都大学文学部『五十周年記念論集』（一九五六）
イラン人の悲劇―文字と表記法の場合『世界の歴史』2（一九六〇・筑摩書房）
ブンダヒシュンの書の序・序章と etymologica Bundahisnica について『西南アジア研究』6（一

九六一）
中世イラン文学とその特色『A・A地域総合研究連絡季報』9（一九六三）
『先師金言要集』とアンダルス文献研究序説（上）『オリエント』7―1（一九六四）、（下）『オリエント』7―2（一九六四）
西安出土漢、婆合璧墓誌婆蕃文解読記『西南アジア研究』13（一九六四）
アヴェスター州郡誌について『インド学試論集』6／7（一九六五）
阿育王アラム語碑について『オリエント』8―2（一九六六）
イラノ・アラマイカ――『アルクタクシェール行伝』の一節に関連して『言語研究』49（一九六六）
サオシュヤントについて『西南アジア研究』17（一九六六）
ガーサー語彙の研究『オリエント』9―1（一九六七）
ゾロアストラ周辺論『東洋史研究』26―1（一九六七）
阿育王のカンダハール第二碑文について『言語研究』55（一九六九）
ゾロアスター伝の一齣とその意義『オリエント』11―1／2（一九七〇）
第三サオシュヤントについて『オリエント』12―3／4（一九七一）
ペルセポリスのダリウス王宮（タチャラ）の性格について『京都大学文学部紀要』13（一九七一）
中世ペルシア語書ブンダヒシュンとその背景『日本オリエント学会月報』3―1／2
Aβyātkār i Zarērān の宗教史的意義について『西南アジア研究』10（一九六二）
Aβyātkār i Zarērān の詩形再構について『言語研究』44（一九六二）
西安出土汉、婆合璧墓志婆文語言学的試释『考古学報』北京一九六四―2期

自画自賛――古代ペルシアの場合――『西南アジア研究』22（一九六九）
ペリセポリスのダリウス王宮の性格について『オリエント』13―3／4（一九七一）
アパダーナを考える『オリエント』16―1（一九七三）
『Avestā』の語義について『オリエント』17―1（一九七四）
仏像光背の背景を示すイラン語詞について『印度学仏教学研究』23―1（一九七四）
〈シルクロード考(1)〉正倉院の屏風――シルクロードをたどりて『アジア文化』11―4（一九七五）
〈シルクロード考(2)〉盂蘭盆・修二会（一）――シルクロードをたどりて『アジア文化』12―1（一九七五）
〈シルクロード考(3)〉盂蘭盆・修二会（二）――シルクロードをたどりて『アジア文化』12―2（一九七五）
古代イラン民族における『罪』と『滅び』――ゾロアスターとダリウス大王の場合　佐々木現順編著『煩悩の研究』（一九七五・清水弘文堂）
Ayādgār ī Zarērān を補うもの『三笠宮殿下還暦記念オリエント学論集』日本オリエント学会編（一九七五）
〈シルクロード考(4)〉盂蘭盆・修二会（三）――シルクロードをたどりて『アジア文化』12―3（一九七五）
「阿育王のアラム語碑文新解読――タキシラ碑文と第一カンダハール碑文」『佛教研究』7（一九七八）
ザームヤズト＝ヤシュトの課題（Structure and Problems of Zām-yazd Yašt）『足利惇氏博士喜寿

記念オリエント学・インド学論集』（一九七八・図書刊行会）
『好学の子』のテキスト復原とその背景（Zoroastrian Tractate on the Sacred Girdle 'Pus ī dānī ħ-kāmag' — A new translation with textual criticisms）『日本オリエント学会創立二十五周年記念オリエント学論集』日本オリエント学会編（一九七九・刀水書房）
日本のイラン学――飛鳥寺造営記事にみえるイラン語彙のイラン学的価値について『京都産業大学国際言語科学研究所所報』1―2（一九八〇）／『月刊言語』9―4、通巻98号（一九八〇）
『日本書紀』にかかれたトカラ人『達阿・舎衛女・堕羅女考』舞台裏〈批判にも答えて〉『東アジアの古代文化』25（一九八〇年秋号・大和書房）
カルデールの『ゾロアスターのカアバ』刻文について『オリエント』24―2（一九八二）
『日本書紀』とイラン――最近親婚の場合『東アジアの古代文化』31（一九八二年春号）
『アヴェスターの改刪』をめぐりて『日本オリエント学会創立三十周年記念オリエント学論集』日本オリエント学会編（一九八四・刀水書房）
我観『景教』――呼称の由来をめぐりて『東アジアの古代文化』40（一九八四年夏号）
アラム・イラン混成語形とその周辺――ゾロアスター在世年代論へ『三笠宮殿下古稀記念オリエント学論集』日本オリエント学会編（一九八五・小学館）
名詮自性『ゾロアスター』――東方からのアプローチ『オリエント』29―1（一九八六）
ゾロアスター教の渡来――天武天皇挽歌二首を解読して『東アジアの古代文化』51（一九八七年春号）
法隆寺伝来の香木銘をめぐって『東アジアの古代文化』54（一九八八年冬号）

『断疑論』の異教批判『日本オリエント学会創立三十五周年記念オリエント学論集』日本オリエント学会編（一九九〇・刀水書房）
ルリスタン出土の一青銅剣銘をめぐって『オリエント』39―1（一九九六）

翻訳

「ハム・セム諸語」アントゥアヌ・メイエ／マルセル・コーアン監修、泉井久之助編『世界の言語』（一九五四・朝日新聞社）
「アヴェスター」辻直四郎編『ヴェーダ　アヴェスター』（一九六七・筑摩書房）

小論・エッセイ

チェコスロバキアのオリエント学――その伝統と近況『西南アジア研究』6（一九六一）
アルトゥル・クリステンセンの人と業績『西南アジア研究』7（一九六一）
古代オリエント漫歩『明新』18（一九六六）
パサルガイのあれこれ『西南アジア研究』18（一九六七）

本書は『世界古典文学全集3』（一九六七年、弊社刊）に収録された「アヴェスター」を文庫化したものである。

世界宗教史4　ミルチア・エリアーデ　柴田史子訳

ナーガールジュナまでの仏教の歴史とジャイナ教から、ヒンドゥー教の総合、ユダヤ教の試練、キリスト教の誕生などを収録。（島田裕巳）

世界宗教史5　ミルチア・エリアーデ　鶴岡賀雄訳

古代ユーラシア大陸の宗教、八―九世紀までのキリスト教、ムハンマドとイスラーム、イスラームと神秘主義、ハシディズムまでのユダヤ教など。

世界宗教史6　ミルチア・エリアーデ　鶴岡賀雄訳

中世後期から宗教改革前夜までのヨーロッパの宗教運動、宗教改革前後における宗教、魔術、ヘルメス主義の伝統、チベットの諸宗教を収録。

世界宗教史7　ミルチア・エリアーデ　奥山倫明／木塚隆志／深澤英隆訳

エリアーデ没後、同僚や弟子たちによって完成された最終巻の前半部。メソアメリカ、インドネシア、オセアニア、オーストラリアなどの宗教。

世界宗教史8　ミルチア・エリアーデ　奥山倫明／木塚隆志／深澤英隆訳

西・中央アフリカ、南・北アメリカの宗教、日本の神道と民俗宗教。啓蒙期以降ヨーロッパの宗教的創造性と世俗化などを収録。全8巻完結。

シャーマニズム（上）　ミルチア・エリアーデ　堀一郎訳

二〇世紀前半までの民族誌的資料に依拠し、宗教史学の立場から構築されたシャーマニズム研究の金字塔。エリアーデの代表的著作のひとつ。

シャーマニズム（下）　ミルチア・エリアーデ　堀一郎訳

宇宙論的・象徴論的概念を提示した解釈は、霊魂の離脱（エクスタシー）という神話的な人間理解として現在も我々の想象力を刺激する。（奥山倫明）

回教概論　大川周明

最高水準の知性を持つと言われたアジア主義者の力作。イスラム教の成立経緯や、経典などの要旨が的確に記された第一級の概論。（中村廣治郎）

原典訳 チベットの死者の書　川崎信定訳

死の瞬間から次の生までの間に魂が辿る四十九日の旅――中有（バルドゥ）のありさまを克明に描き、死者に正しい解脱の方向を示す指南の書。

ちくま学芸文庫

原典訳《げんてんやく》　アヴェスター

二〇一二年　六　月　十　日　第一刷発行
二〇二一年十一月二十日　第三刷発行

著　者　伊藤義教（いとう・ぎきょう）
発行者　喜入冬子
発行所　株式会社　筑摩書房
東京都台東区蔵前二―五―三　〒一一一―八七五五
電話番号　〇三―五六八七―二六〇一（代表）
装幀者　安野光雅
印刷所　星野精版印刷株式会社
製本所　株式会社積信堂

ISBN978-4-480-09460-5　C0114